JN181760

弁護士
独立・経営の不安解消Q&A

編著　北周士・田畑淳・野田隼人
深澤諭史・向原栄大朗

第一法規

はしがき

本書は第一法規株式会社の主催のもと、ここ４年ほど私が行っている「若手弁護士のための独立開業支援セミナー」において、聴講者より寄せられた質問に対し、私とパネリストを務めた先生方の回答をまとめた本です。

私は『弁護士　独立のすすめ』（第一法規、2013年）という書籍を企画・編集したことがきっかけで、北は北海道から南は九州まで、全国各地で「若手弁護士のための独立開業支援セミナー」を行うようになりました。同セミナーでは毎回、その地域で開業し、活躍している若手弁護士２名をパネリストとしてお招きし、独立の基礎知識に関する講演の後に、聴講者から出される質問に対して、時間が許す限り（時には予定の時間をオーバーしても）丁寧に答えるという形をとっています。

そのおかげか聴講者の評判もよく、平成28年11月に至るまでセミナーを続けることができております。しかしながら、毎回非常にたくさんの質問を頂戴する結果、時間の都合もあり、そのすべてにお答えすることはできないという状況にありました。

開業・経営のセミナーに参加する方は、これから法律事務所を開業し、経営していくことについて最も関心の高い方々であると思います。加えて、同セミナーにおいては、かなり実践的な講演をしており、講演を聴くだけでも、開業と経営に関するイメージは十分にできるのではないかと思っています。そのうえでなお、講師である私やパネリストに対して出される質問とは、開業や経営を考えている方が本当に知りたい事項だと思います。その質問に対して時間の都合上答えきれないというのはもったいない、また、ある会場で出されたとても有意義な質問とそれに対する回答が他の会場の参加者には共有されないということももったいないと考えていました。

そこで、各会場で出された質問（質問の総数は400を超えています）のうち、多くの会場で共通して寄せられた質問や、情報としての価値が高い質問を選別し、回答を付与したものが本書になります。

近年、弁護士数の増加もあり、法律事務所においても漠然と目の前の業務をこなすだけではなく、営業や経営についても考える必要があるのではないかという意識が高まってきていると思います。また、少しピークは過ぎたものの、弁護士が自らの事務所を開業することは現在においても珍しいことではありません。

そして、それを受け、弁護士の開業や経営に関して書かれている本もそれなりの数が発刊されています。しかしながら、類書においては、特定個人の経験や抽象的な理論のみが書かれていることが多く、実際に自らが事務所を経営するにあたり参考となるような「実践的な書籍」というものはきわめて少なかったように思います。

本書は、実際にセミナーを聴講された方々が聞きたかった質問に対する回答をまとめたものです。そして、その回答も抽象的なものにとどまらず、複数のパネリストがそれぞれの経験を踏まえて執筆した、きわめて具体的な内容となっています。その結果として、各執筆者の回答については一見相反する内容があるようにも思えます。しかしながら、その回答内容については個々の執筆者の個性が出ながらも、本書全体としては同じ方向を向いており、非常に実践的な内容になっていると思います。

私としては、本書は過去に存在したあらゆる法律事務所開業本・経営本に比しても、最も実用的な書籍であると自負しております。これも自らの経験を惜しみなく提供してくれた執筆者の皆様のおかげであり、心から御礼申し上げます。

本書は基本的には若手弁護士向けに書いた本ですが、若手だけでなく、すでに経験を重ねている弁護士や、弁護士以外の士業の方々にとっても参考となる書籍になったと考えます。

本書を作成するにあたり、第一法規株式会社の三ツ矢沙織氏、河田愛氏には多大なご尽力をいただきました。この場を借りて御礼申し上げます。

本書が、皆様の事務所経営の一助となりましたら幸いです。

平成28年10月吉日

弁護士　北　周士

編著者プロフィール

北　周士 (旧60期・東京弁護士会)

●**所属事務所**

北・長谷見法律事務所（東京都千代田区所在。東京メトロ永田町駅から徒歩２分）

●**事務所プロフィール**

2011年４月きた法律事務所として現所在地に開設。2015年９月北・長谷見法律事務所に事務所名を変更。現在、弁護士３名。

●**取扱案件**

中小企業の法務・労務、交通事故（保険会社側）、債権回収、個人の離婚・相続。

●**弁護士登録から今までの経歴**

2007年９月　弁護士登録
2007年９月～2009年３月　青山総合法律事務所にて勤務（イソ弁）
2009年４月～2011年３月　安藤武久法律事務所にて勤務（ノキ弁）
2011年４月　事務所開設

●**著書**

『弁護士　独立のすすめ』（編著、第一法規、2013年）、『弁護士　転ばぬ先の経営失敗談』（編著、第一法規、2015年）、『実践訴訟戦術論―弁護士はみんな悩んでいる』（共著、民事法研究会、2014年）

田畑　淳 (新60期・神奈川県弁護士会)

●**所属事務所**

弁護士法人アリスト溝の口法律事務所（神奈川県川崎市所在。東急電鉄溝の口駅から徒歩30秒）

●**事務所プロフィール**

開業は2010年。2011年に勤務弁護士を雇用。2012年に法人化、支店（神奈川県秦野市所在）を設立。現在勤務弁護士３名。

●**取扱案件**

中小企業の法務から不動産関係の事件、一般民事まで幅広く取り扱う。

●**弁護士登録から今までの経歴**

東京・横浜の事務所で計２年間勤務弁護士をした後、独立。

●**肩書・弁護士会での活動等**

消費者委員に所属。2015～16年にかけて川崎支部幹事を担当。そのほかに消費者行政センターのアドバイザー、了徳寺大学非常勤講師など。

●**著書**

『マンション・団地の法律実務』（共著、ぎょうせい、2014年）ほか

野田　隼人（新62期・滋賀弁護士会）

●所属事務所

高島法律事務所（滋賀県高島市所在。JR湖西線新旭駅から徒歩30分（自動車生活圏））

●事務所プロフィール

2009年即独により開設。2015年までに法人化のうえ、３事務所７名まで拡大するが、家族との時間を優先するために法人を解散。現在、弁護士２名体制で、どちらも育児中。

●取扱案件

一般民事、刑事事件、渉外法務（フィリピン法）。

●肩書・弁護士会での活動等

京都大学法科大学院非常勤講師、京都産業大学非常勤講師。

日弁連刑事法制委員会委員、同中小企業センター委員、同中小企業の海外進出の法的支援に関するワーキンググループ委員、同独占禁止法改正問題ワーキンググループ委員。

●著書

『弁護士　独立のすすめ』（共著、第一法規、2013年）、『Q&A　心神喪失者等医療観察法解説　第２版』（共著、三省堂、2014年）ほか

●弁護士登録までの職歴・経歴

大学卒業後、ウェブシステム開発の会社を設立して法科大学院の間の学費・生活費を稼ぐ。現在も同社の経営も続けている。

深澤　諭史（新63期・第二東京弁護士会）

●所属事務所

服部啓法律事務所（東京都港区所在。東京メトロ虎ノ門駅から徒歩５分、同新橋駅から徒歩10分）

●事務所プロフィール

2011年12月設立。しばらくは弁護士２名であったが、2016年８月より３名体制に。

●取扱案件

どんな事件も扱うが、IT企業の企業法務、IT事件、刑事弁護、債権回収が中心。

●弁護士登録から今までの経歴

都内法律事務所勤務を経て独立。

●肩書・弁護士会での活動等

第二東京弁護士会非弁護士取締委員会ほか。

●著書

『その「つぶやき」は犯罪です―知らないとマズいネットの法律知識―』（共著、新潮社、2014年）ほか

向原　栄大朗 （新60期・福岡県弁護士会）

●所属事務所

①弁護士法人向原・川上総合法律事務所〔2016年９月末まで〕
②向原総合法律事務所〔2016年10月１日から〕
（①の福岡オフィスと②は同住所で、福岡県福岡市所在。福岡市営地下鉄天神駅から徒歩１分、西鉄天神大牟田線福岡天神駅から徒歩２分）

●事務所プロフィール

①弁護士数：弁護士法人向原・川上総合法律事務所福岡オフィス常駐は２名→３名→４名
②向原総合法律事務所は、2016年10月に弁護士１名で開業。

●取扱案件

- 企業法務全般（債権回収、損害賠償請求、労働事件、事業再生、IT関連法務が多い）
- 個人案件（離婚・交通事故・労働・債務整理・遺言相続・民事信託など）

●弁護士登録から今までの経歴

2007年　登録（福岡県弁護士会）、鴻和法律事務所勤務
2013年　弁護士法人向原・川上総合法律事務所設立
2016年　現在の事務所設立

●肩書・弁護士会での活動等

福岡県弁護士会倒産事務処理支援センター委員、対外広報委員会委員、法教育委員会委員、非弁委員会（県弁、九弁連（委員長）、日弁連）

●著書

『弁護士　独立のすすめ』（共著、第一法規、2013年）

●弁護士登録までの職歴・経歴

パラリーガルの経験あり。

弁護士　独立・経営の不安解消Q&A●目次

第2章 独立開業時の不安

第3章 独立開業後の不安——顧客獲得

6 他士業からの案件紹介

7 弁護士からの案件紹介

8 広告宣伝と効果

9 ウェブ上の広告宣伝

10 その他手法の広告宣伝

第4章 独立開業後の不安 ――事務所の経営・運営

第5章 独立開業して思うこと

装　丁　　　篠　隆二
本文デザイン　株式会社ペネット

独立開業を
考え始める際の疑問

Q01 独立を決めたきっかけは？

Tabata's Answer

私はもともと東京都内の事務所で勤務していたのですが、１年目にして人間関係や仕事のキツさで胃薬なしでは過ごせないほど参っていました（こういうことを正直にいわない先輩が多いようですが、特に牧歌的な時代に新人時代を過ごした大先輩以外は新人での移籍が非常に多いことからして、ネガティブな理由での転職は相当数あります。望まない独立というケースも相当あると思われます）。

移籍を考えた私は、早計といえば早計なのですが、出身地の神奈川に戻って仕事をすることも考え始め、東京の事務所と神奈川の事務所をそれぞれ友人から紹介してもらいました。今思えば流れの読み違えなのですが、60期が新人の頃は過払い金返還ブームでマチ弁の景気が一時的によく、横浜の事務所に移籍して神奈川で独立する方がよいと考えました。

しかも、当時神奈川県では川崎市の弁護士が人口比で少なく、第２章Q02で後述するように、小さなゴールドラッシュのような雰囲気がありました。当時の私は川崎市中部・北部のあたりに地域を絞り、移籍先を横浜の事務所に、引っ越し先としては将来の事務所候補地である武蔵小杉を選びました。

さて、１年目の途中にして横浜の事務所に移籍し、今まで扱っていなかった家事や一般民事の事件に取り組んできた私ですが、２年目には「弁護士会の相談枠や法テラスの相談を譲ってもらう」という方法でとりあえず個人事件の売上げが1,000万円をかなり超える程度にはなっていました。その頃から、当時のボス弁と経費負担についての折り合いがつかなくなるなどして、いづらくなってしまい、なんと２年目の年末にボス弁から「あと１か月で独立してほしい」と宣告されるに至りました。

当時は、自分自身としては事務所案件も30件台後半とそれなりにこなしており、事務所の利益になっているつもりでしたが、自分で事務所を経営するようになり、経営者目線からだとまた違って見えた、と考えています。私は入所当時から、「３年目の夏には川崎市で独立したい」と明言していましたし、事務所に対する忠誠心を欠くと思われたのかもしれません。いずれにせよボスの不興を買った私のやり方は誤っているのでしょうから、独立前こそ、そうした点には慎重になってほしいと考えます。事務所として、「パートナーでもないのに給与より個人事件売上げが著しく大きい」という状況は、とらえ方によりますが、やはり違和感があるものです。自分の個人事件売上げが給与を超え始めたら、やはり独立は考えるべき選択肢でしょう。

ただ、自分の売上げを分析して後から考えれば危うかったのは、個人事件があくまで「弁護士会の相談枠」などといった個人の信頼に基づかないもので構成されていた点です。端的にいうと、**60期だったのでなんとかなった**ものの、65期で同じことをしていたらスタートダッシュには失敗した可能性が高いといえます。そのあたりの感覚もなく「独立して頑張ればお客様は見てくれているものだよ」というようなアバウトな先輩の精神論は遠ざけ、実際の売上げの可能性をシビアに計算すべきでしょう。

ともかく、「１か月で独立しないといけない」という状況は予想外にとんでもないスケジュールであり、その月から翌月は１秒の休みもなく動き回りました。年末年始を挟んだのですが、大晦日も正月も休んでいなかったような気がします。たまたま、友人の紹介で旧事務所近くに事務所として使えるマンションを借りることができ、いったんその場所を仮の事務所として登録、そこを足掛かりに溝の口の賃貸物件を決め、４か月程度で仮事務所から現在の事務所に移動することになりました。内装が必要な場合、その期間も計算に入れるべきです。自分は仮の事務所が居抜きで使えたため１か月で独立できましたが、内装に要する１～２か月がタイムロスになるとすれば大きな損失となります。

独立するにはどの程度の経験値が必要？

02

Fukazawa's Answer 独立との関係では、弁護士の経験値というものには2つのモノサシがあって、事件分野別（交通事故や家事など）の経験値と、事件分野に共通する経験値があると思います。

前者ですが、いくら長く弁護士をやっていても、目の前の事件が自分にとって「新しい分野」、「未知の分野」であるということがなくなることはありません。ですから、どんな分野でも対応できるようになるまで待っていては、一生独立できません。

一方、後者については、ある程度の経験を積んでおく必要があるでしょう。具体的には、書類の書式や提出先、提出方法などに始まり、依頼者対応、すなわち、初回の相談で信頼を得る、聞き取りを的確にする、事件の筋、見通しをつける、そのうえでそれを依頼者がきちんと理解できるように説明をする、といった技術です。特に依頼者対応というのは、ボス弁や事務所のバックアップがないと、最初のうちは非常に苦労するポイントです。

目安としては、日常的に処理についてボス弁の指示を仰がないですむこと、依頼者から突然電話等の連絡があっても迷わず即答できること、「自分１人で最初から最後まで事件処理をしている姿、**処理内容と方針」がスッキリと具体的にイメージできること**が挙げられるかと思います。

逆に、この程度の見通しがつけられないと、独立してもなかなかうまく事件処理ができません。そもそも、相談者は弁護士の自信のなさや危うさに意外と敏感ですから、事件を依頼してもらうことも難しくなります。

そういう力を身につけるためにも、イソ弁時代から事件処理や心構えにおける「独立意識」をもって執務することが重要だと思います。

身につける方法ですが、意識の持ち方はもちろん、例えば書類の提出やファクシミリ送信、ファイリングなど、事務局の仕事も積極的に行い、あるいは、教えを乞うようにするべきです。特に、独立当初から事務局を有しない場合には、こういうスキルは必須となります。

また、所属事務所が、個人受任を許可しているのであれば、経費負担率が高いものであったとしても、積極的に行ってスキルを磨くべきです。経費負担率が高いのであれば、逆にいえば受任はしやすくなると思いますので、積極的に行っていくことが大事です。

やや本書の内容、趣旨からは離れるかもしれませんが、こういう独立意識というのは、仮に独立をしなくても、「よき勤務弁護士」であるためにも、とても重要だと思います（だからこそ、経営弁護士としては「よき勤務弁護士」から順番に独立をされてしまうことになるので、大変だったりするのですが）。ですから、独立をする・しない、実際の独立がいつになるにしろ、こういう意識をもって技術を磨くことは、決して無駄にならないと思います。

03 独立前から、ある程度の仕事のめどがあったのか？交流会に参加する等したのか？

Kita's Answer

仕事については、独立前と独立後で種類がだいぶ異なることから、独立時点において、めどがあったとはいえません。

私個人のことをいえば、独立前については法テラスの仕事が中心であり、当初は独立後も同じような仕事を行っていく予定でした。しかしながら、**独立後はノキ弁時代よりも実働時間が減少することが判明した**こと、および今後もこの方向性の仕事を行うことに迷いを感じたことから、法テラスの仕事をやめることにしました。

その時点では他の受任ルートが存在しなかったことと、私の事務所の立地と仕事内容からするとインターネットを用いた集客は向かないだろうと判断したことから、紹介による集客を中心とすることにし、当初は交流会等に参加することによって人間関係を開拓していきました。

もっとも、いわゆる異業種交流会に参加する人の大半は「仕事を求めて」参加している人であることから、仕事を供給する側がおらず、即効性がないことが弱点です。その際には主催者と親しくすることと、ある程度話が盛り上がる数名に限って付き合いをするとよいと思います。

数年後、自分の仕事が忙しくなって交流会に行く時間がなくなったときに、同じく交流会に行く暇がなくなったその人たちから仕事の紹介を受けることがあるのではないかと思います。ただ、それまでの間もその人たちとの縁をつないでおく必要があることから、縁をつなぐ方法については検討しておく必要があると思います。

Fukazawa's Answer 紹介のめどもそれなりにありましたし、そこからの受任もそこそこありましたが、それを当てにはせずに、基本的にゼロからの集客でした。

具体的には、広告を出すことにしたのですが、少額の費用からできる、広告額の調整ができる、工夫次第で大きな効果を得られやすい、幅広く継続的に市民にリーチできる手段ということで、インターネット広告を利用しました。

もちろん、インターネット広告を出すだけではなく、交流会などにも参加しましたが、交流会から仕事に結びつけるのはやはり難しいというのが私の印象です。むしろ交流会は、いろいろな業界のことについて学ぶ、情報収集の場として活用しました。

さて、仕事のめど、つまり、きちんと必要な仕事量が確保できるかどうか、というのは独立にあたっての一番の悩みかと思います。逆にいえば、仕事さえ確保できれば、あとはなんとかなるといっても過言ではないかもしれません。ですから独立を考えるのであれば、仕事の確保についてもめどをつけておくのが、必要最低限の条件ではないかと思います。

そのための準備、**見通しを立てる方法として理想的なのは、独立前から個人受任を行うこと**です。自分にはどの程度の仕事を依頼してもらえる価値があるのかについて、ある程度の目安を立ててから独立するのがよいでしょう。

ただ、この業界の現状では、仕事をとろう、紹介を得ようと思っても、そうそう簡単には得られません。こういう受任量というのは、相当に「水物」です。現在、月間○○万円の受任ができるからといって、その次の月もそうであるとは限りませんので、その点は用心が必要です。

Mukouhara's Answer 私が最初に入所した事務所は、もともと３年契約でしたので、入所から３年で独立というのが基本でした。しかも、私はもともと福岡に全く地縁がありませんでしたので、事務所スタッフ以外の知り合いが全くいませんでした。

したがって、独立後の仕事のめどは、入所時には全くなかったので、入所時から、そこそこ危機感を抱いていたように思います（そうはいっても、最初は仕事を覚えるだけで精一杯でしたが……)。そこで、２年目に入った頃から、仕事の合間を見つけて、異業種交流会があると聞くと招待してもらって参加させていただき、**人脈を広げるきっかけ**をいただきました。

ただし、異業種交流会に入れば仕事に直結するわけではないと思います。そこでしっかり自分の人となりを知ってもらって、親しくなることで、ようやく信用していただくことができるのだと思います。

近年では、どこの異業種交流会においても、弁護士の比率が高くなってきていますから、異業種交流会に参加しても仕事につながらないといったことも多くなってきているのではないでしょうか。そういう意味では、私の時代(約６～７年前)よりも、仕事のめどをつけることが厳しい環境になってきていると思いますから、独立にあたっては、より早めの準備と、どういう異業種交流会に参加するか・そこからどう親しくなるか・どう仕事につなげていくのか、といった戦略をしっかりと考える必要があるのではないかと思います。

1 独立前に考えること

04 人的資源やスキルの面などで、独立前にもっと身につけておいた方がよかったことは？

Fukazawa's Answer

いくつかありますが、まず細かいところでいうと、書面の提出先・窓口はどこか、何部出すのか、郵便の種類と差出方法など、「事務局に『これ、お願いします』というだけで済ませている部分」が挙げられると思います。

このあたりの知識は、事務局向けの書籍などで得ることができるでしょう。

そして、弁護士としてのスキル面では、（分野を問わず）初対面の相談者との法律相談スキルが重要です。

事務所の方針にもよりますが、アソシエイト弁護士が、担当事件における最初の面談者になるとは限りません。むしろ代表やパートナーが面談して受任をして、その後の処理をアソシエイト弁護士と共同で行う、というパターンも多いのではないかと思います。

そうすると、アソシエイト弁護士としては事件処理については習熟しますが、初回の面談で的確に聞き取りをしたり、信頼関係を構築するスキルを身につける機会には恵まれないということもあり得ます。

特に個人の相談者は、弁護士に相談すること自体が初めての体験であることがほとんどであり、しかもトラブルによって「消耗」しており、直ちに弁護士を信用してすべてを語ってくれるとも限りません。そして、初回面談か、少なくとも早い時期に相談者の認識や希望を正確に聞き取らないと、その後の事件処理に差し支えが生じることもあります。

このように、初回の面談は弁護士にとってかなり神経を使う場面ですので、指導が得やすい独立前から積極的にこなして経験を積むようにすることが重要であると考えます。弁護士会や法テラスの相談になるべく入る、また、それだけでは自己流になりますので、積極的にパートナー弁護士等の**経験豊富**

な弁護士の初回相談に同席するのが効果的かと思います。

特に、この初回相談スキルというのは、その後の事件処理をスムーズにするだけではなく、短時間に事件を理解して、さらに相談者の信頼を得て受任につなげるという、経営上の問題にも深くかかわってきます。

ですから、よりよく事件処理をするためにはもちろん、そもそも事件をきちんと受任するための最重要スキルだと思って、独立前に十分に磨いておくべきだと思います。

1 独立前に考えること

05 経験の浅さをどう補うか？ 専門特化する方がよいのか？ 逆に取扱分野に偏りのあるイソ弁の独立時の注意点は？

Noda's Answer **経験の浅さを補うには、十分に知識を習得しつつ、事件処理の相談相手を確保する**必要があります。

知識については、交通事故や離婚など、比較的一般的な類型の標準的な手続きに関するものであれば、定番といわれる書籍・文献があることが多いです。修習中から裁判官・書記官に、どのような書籍等を参照しているかを尋ねておき、標準的なものを把握しておくとよいでしょう。実務に就いた後であれば、同期の裁判官から情報を得たり、顔なじみの書記官から情報を得ることになります。

なお、修習生のうちは裁判官や研究者の書籍を重視しがちですが、経験のある弁護士が執筆した書籍等から学ぶことも必要です。なぜなら、裁判所の標準的な処理がわかっても、そこに向けて弁護士が具体的にどう活動するのかは別の話だからです。

事件処理の相談相手は、弁護士の先輩になることが多いと思いますが、同期でも差し支えありません。とにかく、大失敗しないためには人と意見交換することが大切です。負担の少ない弁護士会や派閥の集まりで、懇親会が付随するものに定期的に顔を出しておくとよいでしょう。また、弁護士会が各種の相談体制を整えていることもあるので利用するとよいでしょう。

専門特化については、どういった事件類型について、どのような専門特化をするかによって、善しあしは変わります。

まず、事件類型ですが、交通事故や離婚といった比較的一般的な事件類型による専門特化は、広告宣伝の観点を除いてはメリットが少ないと思います。他方で、弁護士になる前の職業経験や技能を生かすものなど、他の弁護士の参入障壁が高いものは、一定の需要が見込めるのであれば有望でしょう。事件類型によっては、構造的に売上げが見込みにくい領域や、交通事故など今後事件量が激減する可能性がある領域など、専門特化することによるリスクがあるので十分な検討が必要です。

次に、どのように専門特化するかです。専門特化の語感としては、①専門以外の事件は引き受けない、ということになるでしょうが、②積極的にではないが引き受けるというスタンスもあり得るほか、③広告宣伝の兼ね合いで専門特化していると称しているにすぎない例もあります。現実に多いのは③ではないでしょうか。都市部などで①でも十分な事件量があり、その他の事件は友人弁護士に紹介し、友人弁護士からは専門事件を紹介してもらうという関係性のある場合がベストでしょうが、地方都市の場合は②にならざるを得ないことも多いです。

なお、専門特化・特定分野にしか従事していないイソ弁の独立については、基本的に修習生の即独と状況は近接するので、深澤先生の以下の回答に加えて本章Q14も参照してください。

Fukazawa's Answer 一般的に、独立直後は、元事務所から仕事をもってこない限り時間に余裕があります。私は、その時間を用いて、受任事件について、過分に思えるくらいの調査検討をすることで、仕事のクオリティを上げつつ、経験の浅さをカバーしました。

独立直後の経験の浅さという弱点は、同じく独立直後の「時間の余裕」という強みで相殺することができます。弁護士業においては、時間があること自体が非常に強力な武器になるので、これを積極的に生かして、調査検討に時間を大きく割り振り、弱点をカバーするのが得策です。

次に、専門特化することで経験の浅さをカバーできるかという点ですが、専門特化しても最初からその分野について専門といえるくらいの経験があるわけでもなし、直ちにカバーすることは困難でしょう。ただ、専門特化することで、特定分野の事件を大量に受任して経験を早く積むという意味でのカバーは十分可能なはずです。

もっとも、専門特化するには、それにふさわしい事件量が必要です。最初から、その事件量を集めるのはとても難しいことですので、「経験不足をカバー」するためだけに、安易に専門特化を選ぶべきではありません。専門特化というのは、「専門特化したい」からするべきで、「経験が浅いから仕方なく」するものではないということは肝に銘じるべきでしょう。

次に、専門分野・特定分野にばかり従事しているイソ弁が独立する場合の注意点ですが、やはり経験の点が不安かと思います。

ただ、独立開業における弁護士の経験値には２つのモノサシ、つまり事件分野別の経験値と、事件分野に共通する経験値というものがあります（本章Q02参照）。

独立すると、本当に多種多様な事件が持ち込まれます。「私は『一般民事』をやってきた。いろいろな事件を幅広くやってきた」と自分で思っている方でも、思いもよらない事件の相談が来て驚くことは少なくないと思います。

ですから、いろいろな事件を扱ってきたからどんな事件でも大丈夫、といえない以上、逆にイソ弁時代の取扱分野が偏っていたとしても、経験の総量さえ多ければ、他の事件に応用できることも少なくないでしょうし、大きな問題にはならないと思います。

ただ、それでも経験の面では不利であることは否めませんので、冒頭に書いた「時間の余裕」を用いて経験を積む工夫は心がけるべきだと思います。

独立直前の年収は？

Kita's Answer　弁護士登録後３年半で独立しました。その直前の年商（売上げ）は1,700万円程度でした。

ただし、純粋な自分自身の売上げは1,300～1,400万円程度であり、300～400万円程度はノキ先の事務所の仕事を手伝った報酬として受領していたので、上記はその合計金額です。

所得については経費割合が45％程度であったことから、950万円程度であったと思います。

もっとも、開業を検討するにあたり、独立直前の売上金額自体はそれほど重要な要素ではなく（多いに越したことはないですが）、その時点の売上げおよび開業後に予想される合理的な売上げ内に「経費＋税金＋生活費」を収める手段を考えた方がよいでしょう。

至極簡単にいえば、「売上げ＞経費＋税金＋生活費」でないと事務所を維持したうえで生活をすることができません。

税金はある程度、売上げと連動してしまいますし、生活費を削りすぎることは生きる意味そのものが失われていくことになるため（私たちは生活をするために弁護士という職業に就いているのであって、弁護士をするために生活をしているわけではありません）、お勧めしていません。

弁護士は仕入れがなく設備投資にもそれほどのお金がかからないことから、経費の額を十分に落とすことによって売上げが少なくても生存が可能です。まずは現在の売上予測の範囲内で、無理のない経営計画を立てることが重要と考えます。そのうえで開業後の売上げの増加に合わせて経費の額を上げていけばよいのではないでしょうか。

2 所属事務所との関係

Q07 ボス弁にいわれた任期が終了する前の退職についてどう思うか？

Kita's Answer　基本的には、採用している側にも事業計画がある以上、任期が決まっているのであればその時点までは勤務をした方がよいと思います。

また、任期がない場合や、どうしても任期終了前に退職をする場合には、**なるべく早く事務所に退職の意向を伝えるのがよいでしょう**。

自分自身がイソ弁を採用している現在の立場からいうと、小規模の事務所であれば４～６か月、中規模程度の事務所であっても３か月程度の猶予はあった方がよいと思います。もっとも、田畑先生の回答（本章Q01）にもあったように、１か月での退職を求められるようなケースもあり、個別の事務所の事情の要素が強いかと思いますので、その点も含めて、ボス弁とは退職の時期を相談する方がよいでしょう。

Mukouhara's Answer　特別な事情がない限り、**事務所内でのルールを守るべきだと思います**。

私も、独立の際は、半年前に意思表示するというルールがあったので、それに従いました。

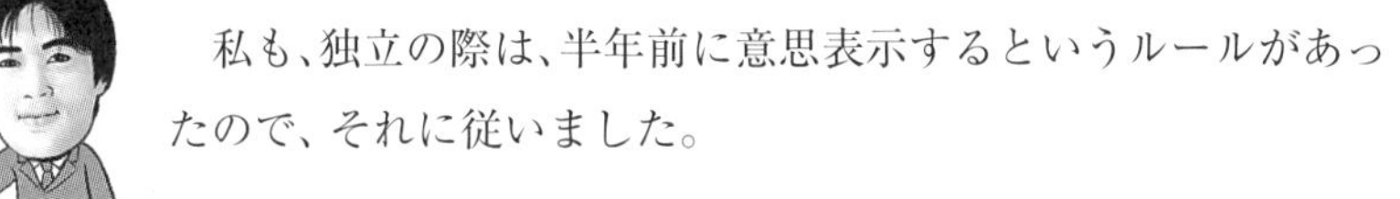

独立前の引継ぎはどうしたか？

08

Kita's Answer 事件の引継ぎについては、まずはボス弁と相談しながら現在担当している事件を、①独立後も自分が担当する事件と、②独立後は事務所が担当する事件に分ける必要があります。

まず①については、独立後の事件の経過の報告方法と、成功報酬の分配等を決める必要があります。

対して、②の今まで自分が担当していた事件を事務所に引き継がせる場合、事件の進行状況や問題点、顧客との打合せの内容等について事務所に十分に認識してもらう必要があります。また、事務所の他の弁護士もすでに多くの事件を担当していることが多いことから、口頭ベースでは引継ぎ漏れの危険性があります。

そこで、事件の進行状況について、現在の争点、今後の行動等をまとめた書面を事件ごとに作成し、当該書面をベースとして引継作業を行うことは最低限必要でしょう。

なお、①②のどちらであっても顧客に対する説明は必須となりますので、**顧客が不信感を抱くことがないようにしっかりと説明をしましょう**。

2 所属事務所との関係

Q 09 独立する前、所属事務所での仕事量をコントロールしたか？

Fukazawa's Answer　退職の表明から実際の退職までに時間を設けることで、結果的にコントロールをすることができました。

開業前はいろいろやることが多いですし、また、開業後は「時間があること」が非常に強力な武器になります。ですから、退職前からできる限り準備をしておくことが重要です。そのためにも、仕事量のコントロールはするに越したことはありません。

特に、開業前に、物件をどうするか、什器設備をどうするか、コピー機などはリースにするかなど、かなり大事なことを決めます。その中には、事務所の家賃のように、その後も継続的に大きな固定費になるものもあります。

時間が足りないと十分に検討することができず、また有利な契約をすることも難しくなります。そうすると、このときの時間不足が準備不足を招き、その準備不足が長い間にわたって事務所運営の足を引っ張る、という事態を招きかねません。

そして、そうなった場合、その遅れを短期で取り戻すことは難しいですし、なにより事務所のスタートアップというのは経営上、一番ぜい弱な時期です。このぜい弱な時期を準備不足で迎えるとなると、一気に経営危機につながりかねませんので、**生き残るためにも、準備期間は長いに越したことはありません**。

加えて、当然のことですが、突然退職ということになると事務所だけではなく、担当している依頼者にも迷惑がかかります。

退職の表明から実際に退職をするまで、ある程度長めの期間をおくことで自然に仕事量がコントロールでき、開業準備もできるようになるのではないかと思います。

Q10 独立前の所属事務所から顧客を連れていったか？

Fukazawa's Answer 顧客を連れてはいきませんでしたが、個人受任事件については引き続き処理していました。

「顧客を連れていく」、「事件をもっていく」ということには、所属事務所はもちろん、依頼者の同意も当然の前提になるでしょうから、実際問題として難しいのではないかと思います。

また、依頼者としても、余計な不安を抱くことがありますから、基本的に適当でないことも多いかと思います。

ただ、その依頼者の関係で、ほとんど自分が対応していた場合は、「連れていく」方が相当なこともあります。

この問題については、依頼者の利害も大きくかかわってきますので、すべきかどうか、できるかどうか、という視点ではなくて、依頼者利益のみを考えて対応する方が適切でしょう。

具体的には、自分が主任であるかどうか、実際の対応割合も大部分が自分であるかどうか、依頼者との連絡担当は自分であるかどうか、初回の面談も自分が担当したかどうか、その依頼者とボス弁との関係はどういったものかなどの事情が考慮要素になると思います。

一方、弁護士のメリットについて考えてみると、もちろん報酬を得られるという点もありますが、それに加えて、なんらかの報告や相談を独立前の事務所にすることもあろうかと思います。それにより、**連れていった顧客の事件処理を通じて、独立前の事務所とのつながりを持ち続けることもできます**ので、その点からも、「連れていく」ことは、検討に値するといえます。

② 所属事務所との関係

11 独立前の所属事務所からもっていけばよかったと思うノウハウとは？

Mukouhara's Answer

①　人脈づくりの方法

人脈づくりの方法は人それぞれですが、私が勤務していた事務所は弁護士が常に20人以上在籍しており、さまざまなキャラクターの方がいましたので、他の先生方からもっといろいろな人脈づくりのノウハウを見聞きしておけばよかったなぁと思います。

②　事務局の育成方法、労務管理方法

弁護士にとって最も大切な財産の１つが、事務局です。事務局の能力が、弁護士の仕事効率に大きな影響を及ぼします。

しかし、事務局の育成は一朝一夕にできるものではありません。また、自分の考えを押しつけるだけでもダメです。事務局との距離の置き方、指示の仕方、教育の手順など、学ぶべきことは多かったはずですが、そこまで学びきれていなかったと痛感しています。

③　業務フロー一般

例えば、事件記録のファイリングや書式１つとっても、弁護士によって違いがあります。私が独立前に所属していた事務所では、統一した様式がなく、各弁護士（の事務局）ごとにそれぞれ個性がありました。他の弁護士の仕事に触れる機会があると、よりよい業務フローを知ることが多々あり、私自身も担当事務局と協議のうえ、業務フローの改善をしてきたつもりでした。

しかし、業務フローは学ぶことの連続であり、まだまだ完成していないと思っています。そう思うと、前にいた事務所で、もっと積極的にいろいろな先生から業務フローを学んだり、研究したりすればよかったかなと思っています。

Q12 開業にかかった準備期間は？ 特に事務所の物件は、所属事務所からの退職時期が確定してから契約する方がよいか？

Mukouhara's Answer

① 開業にかかった準備期間

約半年。

② 事務所物件の契約時期

開業２か月前。１か月は工事等に必要。１か月は余裕をもって。

ただし、これらの期間は交渉により家賃を無料にしてもらうことも可能な場合があるのではないかと思います。

③ 退職時期が確定してから契約するべきか

その方がよいと思います。退職時期が定まらず、新事務所の開業が遅れると、余計なランニングコストを支払うことになってしまうためです。

3 即独についてのあれこれ

Q13 即独は考えたか？　なぜ即独しなかったのか？

Fukazawa's Answer　全く考えなかったわけではありませんが、即独は難しいことなので、あまり考えませんでした。

司法修習で誰もが痛感することかと思いますが、実務の世界には、活字になっていない、活字にできない重要な情報、ノウハウといったものが無数にあります。

即独となると、限られた司法修習期間中に得られるもの以外は、十分にこういったノウハウを身につけることはないと思います。

こういうノウハウ、スキル面の課題に加え、金銭的な問題、「独立して仕事がとれて処理できるか」という見通しが全くつかないという問題がありますので、即独はあまりお勧めできません。現在は司法修習の修習資金が貸与制であり、返済が修習期間終了の５年先からであることを差し引いても、かなりの覚悟を要する決断だと思います。

ただ、それでも即独をする場合には、各弁護士会が支援メニューを用意している場合もありますので、積極的に活用するべきでしょう。例えば、私の所属する第二東京弁護士会では安価で事務所スペースが賃借できたり、「指導担当弁護士」から指導を受けることができるなどの支援策が用意されています。こういった手段を探して有効活用するのも実務家としてのスキルのうちですから、ぜひ事前に調べて利用できるものは利用していきましょう。

翻って、イソ弁のメリットといえば、上記のような「ノウハウ」を得られるということが大きいといえます。また、自分の実力をある程度客観視して独立の見通しを立てることができること、独立元から顧客を連れていける、あるいは独立後に顧客を紹介してもらえる可能性があるということもメリットです。そして、独立すれば実感できることですが、給料が保障された環境というのはなによりも大きいです。そういう「安定」した身分で、独立の作戦を練る、準備ができるというのは、ノキ弁では得がたいメリットです。

一方で、「ノキ弁」が最近増えていますが、イソ弁とノキ弁とどちらがよいかというのは、少なくとも独立開業という視点で見た場合には優劣はつけられません。

ノキ弁のメリットとしては、経費を圧縮できること、事務所から仕事の紹介を得られる可能性のあることが挙げられます。実態としては、イソ弁から給料の保障を抜いて、自由度を足したようなものだといえます。

あくまで主観的、感覚的な話ですが、ノキ弁時代を経て独立した弁護士の話を聞くと、口をそろえてノキ弁時代がよかったというような話をします。ノキ弁でうまくやっていける、ということが独立の試金石であるといえるかもしれません。

ですから、**即独をするくらいならノキ弁もまた、積極的に検討すべきだと私は思います**。

3 即独についてのあれこれ

Q14 即独する場合、特に修習時代にしておくべきこととは？

Noda's Answer **開業後、直ちに業務ができる体制**を整えておくことにつきます。

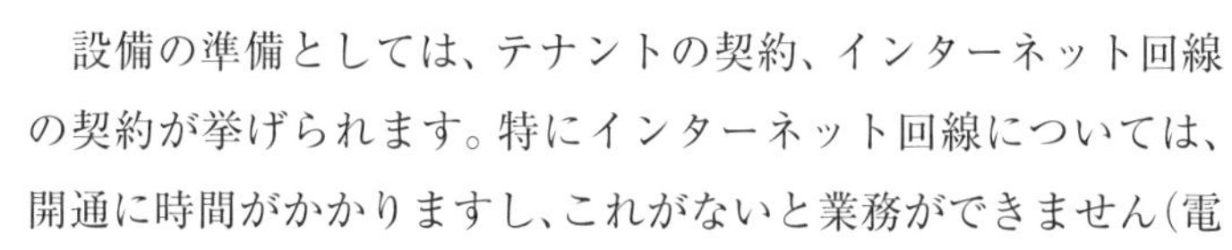

設備の準備としては、テナントの契約、インターネット回線の契約が挙げられます。特にインターネット回線については、開通に時間がかかりますし、これがないと業務ができません（電話・ファクシミリはウェブサービスを利用することで場所を問わずにほぼ即時に開通できますが、少なくともインターネット回線が必要になります）。また、事務所に相談室だけはつくっておく必要があります。

備品類としては、職印と名刺の発注にいくらか時間がかかりますが（数日ではありますが）、これらがないと業務はもちろんのこと、挨拶回りも諸手続きもできません。これらを開業後にやっていては稼働できるタイミングが遅れることになりますので、修習中から準備を進めておくべきです。

なお、法令や会規の制限により、修習中に準備できない事柄にも注意しておく必要があります。例えば、挨拶状の発送は弁護士登録されるまではできないことになっているので、事前に印刷や発送の手配をしておき、登録の確認がとれ次第発送することになります。

業務のための知識・経験については、十分に修習で学ぶことが大切ですが、特に集客方法と依頼者の選別、受任事件の選別、各種トラブルの回避方法、報酬の決め方、事務局との分担やタスク・スケジュールの管理・共有など、事件処理の前提となる基本部分について学んでおく必要があります。即独するつもりであれば、その旨を指導担当に告げて、これらについて具体的に尋ねておくとよいでしょう。

その他の点については、本章Q05と共通するので、そちらを参照してください。

Q15 即独してよかった面、悪かった面は？

Noda's Answer 即独してよかった面は自由であることにつきます。仕事のやり方についてあれこれいう人はいませんし、成功も失敗もすべて自分の判断と責任の下にあります。仕事がうまくいかないことを責任転嫁することはできませんし、他者への責任転嫁は少なくとも論理的ではありません。腹をくくって自分の裁量で物事を進めていくというのはよい経験です。また、同期と比べて経済的に恵まれた結果になっているのもよい面といえます（ただし、この点は結果論です）。

悪かった面は、既存事務所にいればせずにすんだであろう諸々の手間と経験が必要だったことです。事務所をつくるというのもそれほど楽な作業ではありません。直接には事件処理に関連しない雑用も多いです。事件処理をするにしても、書式の作成・収集などは既存事務所にいればある程度は省略できることでしょう。たいていの書籍は東京地裁・大阪地裁の運用を前提として書かれていますから、その他の地域の場合、手続説明も参考書式も公刊物としては存在しないことがあり、それなりに面倒です。また、事件処理の時間感覚、報酬の決め方や請求の仕方なども、既存事務所であれば所内で学ぶことができますが、これらも経験的に学習していくほかありません。

とはいえ、既存の枠にとらわれない処理方法を一から考えることにより、結果的に他の事務所よりも効率化されるなどのメリットもあることから、これらが一概に悪かったともいえません。**結局はその環境を自分が楽しんで過ごせるか**にかかってくるのでしょう。

第2章

独立開業時の**不安**

Q01 開業を決意してから実際の開業までのスケジュールは？

Kita's Answer 開業を決意してから実際に退職するまでに８か月程度あったため、かなり余裕のある退職となりました。

順を追って説明しますと、①開業８か月前に開業を決意し、②開業６か月前に退職の意向をボスに告げました。なお、開業を決意してから退職の意向を告げるまでの間少し期間があいていますが、これは言い出しにくかった……というわけではなく、開業時期を新年度に合わせようとしたためです。

③その後、退職の意向を告げたのと同時期から開業場所および不動産の選別を始めました。なお、不動産の選別についてはインターネットで調べた複数の業者に協力をしてもらいましたが、どの業者も非常に丁寧に対応してくれました。

④開業３か月半前に不動産を決定すると同時に電話回線およびインターネット回線の申込みをし、⑤開業３か月前に内装業者および機械関係設備の業者の選別を始め、相見積りをとったうえで、⑥開業２か月前に業者を決定しました。しかしながら、業者の選別についてはもう少し早く取り組んでおけば開業が遅れることはなかったかもしれません。なお、内装業者等については、友人や先輩の事務所を訪問した際によいなと思う内装を確認しておき、その事務所の内装工事を行った業者を紹介してもらいました。

そして、⑦開業１週間前には自動的に内装が完成している……はずだったのですが、東日本大震災が起こり、内装業者の倉庫が全滅してしまいました。そのため、結果として事務所としての形が整ったのは開業１か月後でした。

このように、開業まで相当に余裕をもって準備をしたとしても、アクシデントによって予定が狂うこともあることから、**事務所の完成を開業直前とする計画は避けた方が無難かもしれません**。

Mukouhara's Answer

①　開業決定から開業までのスケジュール

開業決定から実際の開業まではおよそ10か月でした。具体的な開業までのスケジュールを以下に示します。

平成24年12月　　独立を決意
平成25年１月頃　パートナーと開業プラン全体についての話し合い開始
　　　　　　　　テナント候補の絞り込み
同年３月末　　　退所申し入れ（以前所属していた事務所は、退所の半年前までに申し出ることとのルールがあった）
同年４月　　　　テナント候補と具体的な協議をスタート
同年５月　　　　テナント候補内定・賃貸条件につき調整
　　　　　　　　内装について検討開始（内装業者との話し合いも開始）
　　　　　　　　備品等についてリストアップ
同年７月　　　　テナント賃貸借契約調印　テナント賃貸借開始時期決定
　　　　　　　　予算を踏まえて内装業者とも協議
同年８月　　　　内装・備品等についておおむね決定
　　　　　　　　弁護士会関連の手続きについて調査・実行（弁護士法人にするためのさまざまな手続きがあるため）
同年９月　　　　内装について調整、着工時期決定
同年９月下旬　　賃貸借契約スタート
同年10月　　　　内装着工（約２週間程度で完成）
　　　　　　　　挨拶状作成準備
同年10月末　　　事務所退所
同年11月１日　　新事務所オープン

なお、実際にはこのほかに、電話、インターネットプロバイダ、レンタルサーバ（ホームページやメールサーバを置くインターネット上の場所の確保）、ホームページ、封筒や名刺に使うロゴデザインなどの諸契約を行う必要がありました。

②　注意すべきであると感じた点

電話番号はできるだけ早期に決めておく必要があります。これが決まらな

ければ、名刺も挨拶状の作成もできないからです。

また、**インターネット関係（プロバイダやレンタルサーバ等）の契約についてはとても重要です**。開業時点で電子メールが使えないと業務に大幅な支障が生じることになるからです。私はこれをぎりぎりにしすぎたため、新事務所開設日から数日間は電子メールが使えない日があり、その間は業務に大幅な支障を来しました。特に、独自のドメインをメールアドレスに使用するような場合には、余裕をもって考えておいた方がよいでしょう。

2 開業地域の決め方

Q02 マーケティングなど、今の開業地を選択した理由は？

Tabata's Answer

60期が新人の頃は過払い金返還ブームでマチ弁の景気が一時的によかったため、私には東京都より神奈川県の方が開業地としては魅力的に映りました。しかも、当時神奈川県では川崎市の弁護士の数が人口に比べて少なく、50期代後半の先輩方が「初年度で個人事件売上げ4,000万円」、「50期代で運転手付きのベンツに乗っている」といううわさも広まっており、小さなゴールドラッシュのような雰囲気がありました。後にいずれのうわさも事実ではあることがわかるのですが、稼働していない自宅開業の弁護士を含め新60期の登録時点で川崎市内で100人程度であった弁護士は、その後５～６年で200人近くにまで膨れ上がることになります。新旧の60期だけで30人ほどの弁護士がいることも考えると、開業地をどこにするか、という人生を賭けた判断においてですら、人の考え方に個性がないということは、これから独立を考える皆様にも参考になろうかと思います。

当時の私は夜中（週の大半は午前零時頃まで業務をしていたため主にその後）、各ターミナル駅の利用者数、各地域の人口、地価、収入、弁護士の所在などを自分なりにリストにして比較し、「東京ほど弁護士数が過密ではない神奈川県弁護士会の利権（弁護士会の相談枠や後見・管財など）が利用でき、かつ経済活動の水準が高い地域」として、川崎市中部・北部に地域を絞り、移籍先を横浜の事務所に、引っ越し先を将来の事務所候補地である武蔵小杉にしました。武蔵小杉は都心に出ていくにも利便性が高いこと、地域のコミュニティがあるため地元密着型の仕事ができそうなこと、さらに私自身が幼い頃に住んでおり、少しとはいえ土地勘があったことが大きな理由です。

さて、武蔵小杉は平成22年３月のJR横須賀線開通をはじめとして、大規模な開発に沸いていました。私が事務所開設の候補地として考え始めた頃は想像もつかなかったことですが、「住みたい街」のランキングに武蔵小杉が登場するようになりました（2016年SUUMO調べで関東圏ランキング４位）。

ここで思い出していただきたいのが、「人の考え方には個性がない」ということです。私は武蔵小杉の活況を見て今後「武蔵小杉で独立しよう」と考える弁護士が数多く現れること、東京の事務所のマーケティング対象になることを危惧しました。そこで急に浮上したのが溝の口です。武蔵小杉が位置する川崎市中原区と、溝の口が中心である川崎市高津区は人口がともに約20万人とそれほど変わらず、東急東横線上の武蔵小杉と東急田園都市線上の溝の口は、路線上での立ち位置が似ています。

さらに、下り方面を見ると武蔵小杉から東横線で結んだ先には横浜がありますが、溝の口の延長線上には中央林間があります。個人的に「下流の原則」と呼んでいるルールがあり、消費者は上り方面であれば５～６駅先まで赴いてくれるが、下り方面だと２～３駅でも来てくれることはない、つまり消費者の視線は常に自宅から上り方向に向いているというものです。だとすると、下り方面に大きな事務所が点在する東横線より、田園都市線の方を開業位置として選択すべきではないかと当時の私は考えました。

競合する事務所が少なかったことも当時の選択の理由です。武蔵小杉にはすでに数か所（川崎には数十か所）の事務所があったのに対して、溝の口では１か所しか目立つ事務所がなく、弁護士として開業する余裕がよりあるように思いました。

上記のような判断をしつつ、私は念のため川崎・武蔵小杉・溝の口の３か所のテナントを見て回り、現在の溝の口の事務所を選びました。あまり地縁のない場所で開業した弁護士としては、溝の口で応援してくださる方に恵まれ、業務ができていることなどを考えると、現在の場所を選んだことが今の仕事や生活につながったと思っています。

ただ１つマイナス点があるとすれば、裁判所から離れた事務所で弁護士業を行うと時間的なロスが生まれることです。開業当初の主な心配は「**仕事がとれるか**」という点かと思いますが、その次の「**仕事を効率的にこなせるか**」という段階まで考えたときに、裁判所などへの移動時間という問題が発生しますので、その点は少し考えながら場所を選ぶ必要があるかと思います。

Mukouhara's Answer　事務所の場所を選定する際の考慮要素とその優先順位はさまざまだと思いますが、私の場合は、①予算（賃料・敷金）、②ビルの所在地域・立地条件、③ビルの性状・内装の美麗さ、でした。以下詳述します。

①　予算（賃料・敷金）

ビルの賃料は、固定費として、法律事務所経営のうえで最も必要となるコストの１つですから、できるだけシビアに考える必要があります。したがって、予算を決めるには、必ず先に「家賃のために月々いくら支払うことができるか」を計算しておくことが必要です。ドンブリ勘定ではいけません。

また、敷金は、ただでさえお金のないスタート時にかかります。事務所設立資金の中で多くを占める費用ですが、まずは、事務所運営に絶対必要な備品購入費を手持ちの予算から控除する形で、敷金にかける予算を決めておく必要があると考えます。

②　ビルの所在地域・立地条件

顧客の利便（＝交通の便）・賃料の安さ・裁判所へのアクセスといった諸要素のバランスを考慮することになるでしょうが、これは事務所としての経営方針によると思います。

私の場合は、顧客の利便と、福岡の中心部にあるということ自体がブランディングのうえで重要であると考えたため、現在の場所にしました。

③　ビルの性状・内装の美麗さ

ビルがどのようなビルか（性状）は、顧客層との関係で重要だと思います。私の場合は、顧客の多くを事業者が占めることや、ご相談で来訪される方が多いことから、人の出入りがしやすく、ビル名で所在地を検索しやすいオフィスビルに入居することが望ましいと考えました。

逆にいえば、来訪者がそれほど多くない場合（特定または少数の顧問先の事件を中心とする、もしくは顧客先に訪問することが多いタイプの事務所）であれば、オフィスビルに入居する必要はないともいえます。

なお、私の事務所の入っているビルは、築年数は古いですが、管理がかなり行き届いているので、きれいで快適です。その点も、開業地の選択要素として大きかったです。

Q03 地方都市での開業において、大都市と異なる留意点はあるか？

Noda's Answer 地方都市と大都市の最大の違いは、**地方都市においては当該地域のみを対象とした専門特化は困難**であるという点です。したがって、全国から依頼のあるような専門領域をもつか、さもなくばなんでも引き受けるというスタンスで働くことになります。通常は後者ですので一通りなんでもできることが必要になります。この点にさえ留意しておけば、基本的に大きな違いはないでしょう。

見聞きしたことのある地方都市での独立失敗例としては、次のようなものがあります。弁護士過疎地と思って事務所を開設したら、当該地域の出身者である弁護士が頻繁に相談会を開催していたという例。他の地域に通勤等する者が大多数であって地元での需要が少ない例。なんらかの交通手段により容易に他の地域の弁護士にアクセスできるため地元での需要がない例。

他方で、他の事務所がないというアドバンテージを生かして、行政その他公的機関からの依頼や地元企業の相談を事実上独占し、安定的な事務所経営に成功している例もあります。

十分な市場調査を行ったうえで計画的に開業すれば、本質的には大都市と地方都市で差異はなく、両者の差異は独立の成否以外のところ、例えば各種の交流会や勉強会への参加機会に現れるというべきでしょう。定期的に東京へ赴いて各種のイベントに参加するなど、意識的に学習機会の確保を行えば、好きな場所で開業すればよいのではないでしょうか。

Mukouhara's Answer **地方に行けば行くほど、弁護士に対するハードルは高くなる**ように思います。したがって、地方に入り込むと、地元すぎる事務所では、その地域の方はかえって相談に来づらいようです。

2 開業地域の決め方

Q04 登録換えをして開業する場合の注意点とは何か？

Fukazawa's Answer 地方ごとの差異に気をつけることが重要です。

弁護士という仕事は、その地域の生活や経済活動から発生した問題を解決し、あるいはそれを予防する仕事です。ですから、その業務の質や内容、分量といったものは、開業場所に大きく左右されます。弁護士業界においては、東京と地方とでは事情が大きく異なるということはよく知られています。ですが、上述したような弁護士業界の特色に鑑みれば、東京以外の地方同士でも環境は異なるはずです。

独立するにあたって、どのような仕事がどのくらいあるのか、ということは最重要問題です。ですから、どのような事件が多いのか、あるいは弁護士会の法律相談がどのくらいあるのか、国選はどのくらいあるのか、支部の状況はどうか、アクセスはどうかということは、地元の弁護士と仲よくなって事前に情報を収集しておくべきです。

地元の弁護士に知り合いがいないのであれば、弁護士会に電話をして、開業に関する支援について聞くことも必要でしょう。

また、手続き的な問題も重要です。いつまでに登録換えをしないと国選の名簿に登録できない、弁護士会の法律相談を担当できない、などの「締切り」があります。さらに、登録自体も常議員会の審議がありますので、申請から登録換えまで時間がかかります。これらのスケジュールについては、事前に弁護士会に問い合わせておくべきです。

仮に、これらの時期を把握せずに「待機期間」ができてしまった場合、仕事はきちんとできないのに家賃等だけはかかる、あるいは登録換えはしたが国選弁護は一切担当できないなど、相当の足かせになります。地域によっては、法テラス関係の売上げが全体の相当部分を占めるということもあり得ますので、とにかく**スケジュールは事前に調べておくべき**です。

05 所属事務所と競合する地域での開業の是非とは？

Fukazawa's Answer 基本的に避けた方が無難でしょう。

相手方になった際に差し支えがあります。すなわち、依頼者との関係では、過去の所属事務所が代理人についた事件では、「古巣だし、『談合』でもしているのではないか」と不要な疑念を抱かれます。

もちろん、特に地方に行けば相手方代理人が顔見知り、知り合いということは珍しくなく、むしろ日常でしょう。また、弁護士の一般的な職業倫理からしても、別に相手方代理人が知人であったとしても、訴訟活動に影響がある、談合をする、などということは到底考えがたい事態です。

ただ、一般の依頼者の中には、そのような心配をされる方が非常に多く、説明には工夫が必要でしょう。例えば、受任前、面談の早い段階で、過去の所属事務所であること、知り合いであることなどを明かして説明すれば、納得は得やすいと思います（そもそも「談合」するつもりなら、依頼者に隠れてするはずであり、進んで話すわけがないので、信用してもらえます）。

このような不要な疑念を抱かれてしまう問題は、弁護士が集中していない地域であれば、円満退所であろうがなかろうが生じるものですから、避けるべきとまではいいませんが「独立後の留意点」であるとはいえます。

一方、円満退所でなかった場合は、別の問題があります。対立を残したままだと、会務などで差し支えがあるかもしれませんし、**相手方代理人になった際も問題になりかねません**。弁護士同士が感情的に対立してしまっては、依頼者の利益になることなど一切考えられません。

まとめると、円満退所を心がけるべきであること、同一市町村での独立は、必ずしも避けるべきとまではいえませんが、相手方代理人になった際の留意点だけは、忘れないようにすることが必要です。

③ 事務所立地の考え方

立地をどのように決めるか？特に駅近物件のメリット・デメリットとは？

06

Fukazawa's Answer 立地はもちろん重要です。

立地について考えるときに忘れないでいただきたいのは、「事務所は自分だけが使うものではなく、依頼者にも使ってもらうものである」ということです。

その観点から考えると、駅近物件のメリットは、依頼者が来やすい、道に迷う可能性が低くなる、という点にあります。

道に迷った場合、打合せ・相談の開始時間は遅れますし、その後の予定をキャンセルする必要がある場合も出てきます。そうなるとキャンセルした予定のかわりの設定が難しくなることもあるでしょう。依頼者が事務所に来るまでに「迷って」しまうというのは、想像よりもよくあることですし、そうなった場合の影響も小さくはありません。

ですから、駅近物件には、そういったことを防ぐというメリットがあります。事務所選びでは重要なポイントと考えておくべきでしょう。

ただ、先ほどの観点、つまり迷わないという点では駅から近いということも大事ですが、「駅からわかりやすい」ということも同じように重要です。単純に「駅から○分」ということのみを見るのではなく、自分で何度も歩いてみる、そして「行き方をわかりやすく説明できるか」ということも契約前から考えておくべきでしょう。

一方で、駅近物件というのはやはり賃料が高いことも多く、弁護士の経費というのはほとんどが固定費ですから、固定費である賃料が高すぎることは、特に独立直後においては「死活問題」といっても過言ではありません。

それこそ、駅に近いだけではなく、廃業にも近くなってしまうというのでは、元も子もありません。

ですから、駅近物件の賃料は高すぎて難しい、ということになったら、**次**

善の策として、多少時間がかかってもアクセスしやすい、たどり着きやすいという観点から検討してみるとよいでしょう。

このように、事務所の所在地というのはかなり悩ましい問題なのですが、1つの解決策として、レンタルオフィスがあります。

弁護士のスタートアップとしては、レンタルオフィスは有力な選択肢になり得ると思います。もちろん、どこにでもあるものではありませんが、候補の1つに入れておく価値は十分にあります（詳しくは本章Q09参照）。

3 事務所立地の考え方

07 ベテランの先生ほど「事務所は裁判所の近く」が常識とのことだが、立地、特に裁判所アクセスをどのように考えるか？

Noda's Answer　基本的には、移動のコストを依頼者が負担するか弁護士が負担するかという問題です。

依頼者にとって、近くの弁護士と遠くの弁護士の価値が同等である場合、移動のコスト分だけ遠くの弁護士が割高になるため、近くの弁護士を選ぶことになります。他方で弁護士の観点からすると、裁判所が遠い場合、裁判所に赴くための移動コストが高くなります。

ベテランの先生ほど裁判所の近くに開業していたのは、そもそも弁護士が裁判所周辺にしか分布していない時代においては、距離による他の弁護士とのコスト差が生じなかったため、移動コストを依頼者に転嫁することが合理的であったためと考えられます。

以上の観点から、全体的な経営戦略の一環として事務所の立地を考えることになります。いくつか例を挙げましょう。取扱事件の関係で裁判所手続きの比率が高くない場合、例えば後見や相続に特化するような場合には、裁判所の近くに事務所を構える必要は必ずしもないでしょう。裁判所近くに事務所を構えながら柔軟に出張相談に応じるという業態もあり得るかもしれません（コストは出張料として請求するのです）。私の場合、事務所は地裁本庁から1時間弱の距離にありますが、自宅を裁判所の比較的近くに確保したうえで、期日を午前に集中させ、また弁護士会（裁判所に近い）やその他の場所での相談を柔軟に受けることで移動コストを抑えつつ本庁近くの依頼者に対応しています。

近くであるべきか、遠くでもよいかということではなく、**何が合理的かという観点で考える**とよいでしょう。

08 将来の事務所拡大を見込んだ物件の選び方とは？

Tabata's Answer **物件は20坪以上、内部に２か所は相談室をつくることができる構造が望ましい**と思います。事務所に来てもらうのがノキ弁かイソ弁かによるのですが、イソ弁であればスペースの独立性などはノキ弁の場合ほど考える必要はないかもしれません。

Noda's Answer 当初から余分にスペースが借りられればそれに越したことはありませんが、コストが高くつきます。

同じテナントビルあるいは近隣テナントビルに空き室があれば、**追加で賃借して今の事務所と一体利用できる可能性**があるので、同一オーナーの場合には契約締結時に保証金の取扱い等を交渉しておくとよいでしょう。

Mukouhara's Answer 家賃との兼ね合いになると思いますが、立地条件がよくても、築年数が古かったり、その他、条件が不利なために賃料が安かったりする物件はあると思います。**そういう物件を探し当てることが、固定費を抑制する鍵**ではないかと考えます。

④ 物件の選び方

弁護士１人で開業するならレンタルオフィスで固定費を安くしてもよいかと思うが、検討したか？

Fukazawa's Answer　実際に利用していました。

レンタルオフィスのデメリットとして、専有面積が極端に小さいこと、面積あたりの賃料がかなり割高になってしまうということがあります。

一方でメリットとしては、合計の賃料そのものは安く、しかもリフォームなどが徹底されていることもあり、住所地（交通至便だったり一流ビルだったりします）も**外観も内装も「見栄え」はかなりよい**ものがほとんどです。

打合せに使う会議室は共有ですが、それなりのスペースや防音が確保されている場合が多く、弁護士が面談に使うには差し支えがありません。

事務所の占有スペースが小さいという問題については、ITを駆使して、事務所外でも快適に執務ができるようにしておけば、影響を最小限にすることができます。

ただし、注意点としては、電話番号はきちんと専用のものが用意されるか、依頼者のプライバシーが守れるか、ということがあります。

さらに「素行の悪い」レンタルオフィスというものもあり、適法性の疑わしい事業者が同居している場合もあり得ます。そういう問題物件で問題業者と同居してしまわないようにするには、レンタルオフィスの住所でインターネット検索をするとよいでしょう。その結果、例えば危険ドラッグの通販店などがずらずらと並ぶようであれば、避けた方が無難でしょう。

レンタルオフィスは、サービス内容として、弁護士業に最適化されていると思います。スタートアップにはかなり適しており、有力な選択肢でしょう。

なお、レンタルオフィスによっては、特別送達が受けられないなど、制限のあるところもありますので、この点は事前に確認が必要です。

Q10 マンションタイプの物件を事務所として借りることのメリット・デメリットとは？　住居兼用が多いのか？

Noda's Answer　マンションタイプの物件には**メリットが多い**と考えます。

テナントビルと比較して敷金や賃料が低廉であるほか、間取りによってはパーティションが不要ですし、オートロックやカメラ付きインターフォンがあるなど、法律事務所として必要な設備が備わっていることが多いためです。

ただし、次のような注意点があります。

まず、事業利用の可否自体が問題です。特に分譲賃貸型マンションの多くは管理組合の規約で事業利用を禁止しているか、管理組合の承認を必要としています。事務所の看板や表札の掲示についても、テナント用と比較して制限がある場合が多いです。

次に、各室の独立性の高さに注意が必要です。相談の際のプライバシーは守られることになりますが、侵入された場合に助けを求めることが難しくなります。また、侵入者でなくても、例えば異性の依頼者から関係を迫られた場合（話の便宜として異性と記載するがこれに限らない）や、逆になんらかの疑いをかけられた場合にも問題を生じるおそれがあります。脱出経路を確保する、内部に防犯カメラを設置するといった対策も必要となるでしょう。

自宅と事務所の兼用についてですが、マンションタイプの物件を事務所として利用する場合であっても、多くは自宅とは別に事務所を賃借していると思われます。一般民事事件や刑事事件を受任する場合は弁護士が個人として恨まれることも多くあります。また、夜中に面談を求める依頼者や事件関係者もいないわけではありません。自宅兼用とする場合は、受任事件を企業関係等の相対的に怨恨を買いにくい事件に限定したうえで、事務所は連絡先と執務空間だと割り切り、面談・相談は、客先や外部の貸し会議室に出張して行うといった対応が必要となるでしょう。

5 準備資金等の額

Q11 準備資金はどの程度だったか？

Kita's Answer

私自身は、「開業費用＋半年分のランニングコスト＆生活費」を準備していました。ただ、これはだいぶ余裕のある設定であったと思います。ランニングコストを抑えておけば、開業費用＋３か月分くらいのランニングコストであっても対応可能かと思います。最終的には、現在ある資金の中で、まず開業後のランニングコストおよび生活費を確保し、残金で開業費用を支出するという認識でいた方が無理のない経営ができるのではないでしょうか。

もっとも、金銭に余裕があった方が精神衛生上よいことは確かです。現金がないという状態は容易に精神をゆがませます。また、なんらかの方針転換を図ろうとした際に、現金が手元にあればある程度強引な軌道修正ができますが、現金がない場合、軌道修正を行う体力自体が存在しない状態になってしまう可能性があります。

そういう意味では、蓄えが多いに越したことはありません。あとは独立のタイミングとの問題だと思います。

Q12 初期投資として要した費用の額、費目は何か？

Kita's Answer 初期投資として必要なものは、

① 不動産の保証金（敷金・礼金）
② 不動産の仲介手数料（仲介業者使用の場合）
③ 内装関係費用（パーティション、椅子、机、本棚、棚、来客用設備）
④ パソコン関係費用
⑤ 電話関係費用
⑥ 複合機関係費用
⑦ 各種内装および機材設置費用
⑧ 挨拶状印刷費、郵送費
⑨ 消耗品費

が挙げられます。私の場合は相当に費用をかけましたが、近年は低額化が進んでいるように見受けられます。私（旧60期）の時代での開業費用の平均値は200万～300万円でしたが、現在では100万～200万円程度が多く、開業費用すべて合わせても100万円以下という話を聞くこともままあります。

実際、開業時点においてはそれほどの設備投資は不要だと思います。初期段階において内装に費用をかけ、高性能の機械関係（特に複合機）を導入したとしてもその性能を持て余すことからすれば、初期費用をかけることについてはむしろマイナスの方が大きいでしょう。

開業費用としては、手持ち資金から開業後のランニングコストを確保し、その残金の中で行うことができるようにコントロールすべきであると思われます。そして、その手持ちの費用の中で、上記項目のうちのどの部分に力（費用）を入れるかについて、自分の事務所の顧客層を想定しつつ判断をするのがよいのではないでしょうか。

⑥ 経営戦略の立て方

Q13 通常のマチ弁で、特殊な属性や経歴がない場合は、いかなる戦略が考えられるか？

Tabata's Answer

都心から離れた場所でのマチ弁については、東京と違って「地域の相談を一通り解決できる」ことが求められます。したがって、特化型でないのがむしろ原則です。ではどのように仕事を集めていくのかということになりますが、①裁判所から仕事をもらう、②弁護士から仕事をもらう、③他士業から仕事をもらう、④それ以外から仕事をもらう、の４択になろうかと思います。「何の仕事をとるか」というより「誰から仕事をいただくか」という観点です。

個人的にお勧めできないのは、②のうち先輩から仕事をもらうパターンです。もともとは委員会を頑張っていると先輩が仕事を紹介してくれるというような流れが相当あったと聞きますが、60期代ですら多くはありませんでした。もちろん仕事はあるところにはあるので、手が回らない先輩が仕事をくれるというのは私にも経験がありますが、昨今先輩自身の経営に余裕がなく、かつ新人の数は多く、さらに東京と違い単価の高い事件の少ない地方という条件が加わると、あまり効率的な仕事のとり方とはいえないというのが私の意見です。もちろん、裁判所至近の弁護士密集地域で仕事をされている先生は別の観点に立たれているかもしれません。

①については、後見や管財など裁判所ルートでもらえる事件はありがたいですし、裁判所の評価を上げること自体はその他の仕事にも有益なので、ここは手を抜く理由はないと思います。ただ、管財など誰もやりたがらなかった20年前と異なり、みんながすぐに思いつくルートであること、後見の報酬などが非常に低いことから、このルートを中心として経営的に成功するというのは線が細い気がします。倒産村に所属しているような場合を除けば補助的に頑張るという感じでしょうか。

③も多くの人が考えるルートだと思います。仕事上の相談をするためにも、

世代が近く、携帯やSNSで相談できる他士業の先生との関係をきちんとつくることは独立するなら必須でしょう。1点念頭に置いておくべきなのは「長期的な付き合いをする他士業の先生との関係は男女の交際のような部分がある」こと。例えば自分に仕事をくれる先生がいた場合、あなたがその先生の分野での仕事（相続税の申告や登記、許認可、測量など）を紹介する際はその先生にお願いすることになります。あなたがもし成功して、ある程度事務所規模を大きくしたとき、組んでいる先生がまだ携帯一本、実家の一部屋が事務所という先生だったら……。また、力のある他士業と組めてよい関係だと思っていたけれど、実は大きな事件はもっと力のある事務所に回していて、自分に紹介してくれるのは少額の事件だけだったら……。なんか愛人みたいですよね。個人的にはビジネスは恋愛ではないので、「1枚目のカードとしての顧問弁護士ではなく、2枚目で使う弁護士」にでも食い込んで、やはりこちらが使えると思わせてのし上がるのもよい方法だとは思っています。とはいえ原則的には、同じような時期に独立した他士業と組むのが話もしやすく、人間関係を築きやすいという意味でやはりお勧めです。

そうした「つり合い」はカネの観点から見ればシビアです。どうせ組むならできるだけ伸びそうな先生と組みたいですよね。また仕事のスタイルも影響してきます。ともかくとれるだけとって夜中でも動くタイプの士業と、ワーク・ライフ・バランスのために独立してマイペースで仕事をしている士業では組みにくいでしょう。政治的なポジションが影響する場合もあるかもしれません。私は気にしませんが。

次が④で、これをどう生かすかがかなり重要です。私の場合には地域のいろいろな人と友人になるために青年会議所やロータリークラブに入って、そこから多くの人に会うことができました。また趣味は食べ歩きなのですが、それで知り合った人もいます。ゴルフをはじめとしたスポーツや音楽など、人間関係をつくり上げる方法はいろいろあろうかと思います。①〜③と違い、このルートはすぐには仕事につながりません。ただ、大きく成功している弁護士は多かれ少なかれこのルートを自身で開拓されているのではないでしょうか。自分にとっても現在一番大きいのは④のルートです。どこに行ってどんな人と会うのか、方法は無限であり、それこそ仕事以外でどんな人と付き合うのかというのは生き方そのもののような部分でもありそうです。

ともかく、④についていえるのは、「仕事をもらえるかどうかより、すばらしい人とできるだけ多く出会う機会をつくる」ことに尽きると思います。弁護士業が一般の営業とは異なるのは、さらに司法書士や税理士とも異なるのは、「**何が案件になるかわからないし、誰が依頼者になるのか予想できない**」という点です。それは営業の対象が絞れないことでもありますが、逆にどこに行って誰に会うのも自由だという側面でもあります。自分は幸運もあり、ともかく尊敬できる人、素直にすごいと思える人が周囲にたくさんいる環境で仕事ができていますが、そのような出会いが皆様にもありますよう祈っております。

Mukouhara's Answer　知り合いを増やすこと。それに尽きると思います。

ただし、知り合いになる、というのは戦略の入り口にすぎません。

知り合いになった後、「**どうつながっていくのか**」がそれ以上に重要です。

例えば、知り合いを増やすために最も効果的な方法は、異業種交流会に参加することでしょう。

では、「どうつながっていく」のか。

まずは、知り合ったその「場」でじっくり話をする方法があります。ただしそれだけでは十分でない、もしくはその時間的余裕がない場合は、SNSを活用する方法もあると思います。

次に、そこで名刺を交換した方とどんな話をするか、だと思います。例えばそこから、その方がどのような「需要」をお持ちであるかが引き出されることがあります。それが自分の得意分野であれば、積極的に自分の意見を開陳してもよいと思います（もちろん、空気を読んで、ですが）。

まして、今は、異業種交流会における弁護士の比率が非常に高い傾向にあると思います。その中で、どうすれば他の弁護士と自分を差別化できるか、ということを考える必要があります。

この点について、私なりに思う差別化要素としては、①取扱分野、②経験、

③キャラクターがありますが、それ以外に私が重要視しているのが、④詳しく話を聞くことです。というのは、相談者は、同じ話を二度三度とするのが煩わしいのが通常だからです。そうであれば、先に詳しく話を聞いた人に、アドバンテージがあると考えています（「後医は名医」という法諺もないではないですが、情報は先に取得した人にこそアドバンテージがあります）。

知り合いをつくること、そして「つながっていく」こと、そのためにはさまざまな戦略があると思いますが、基本は「目の前にいる人に自分がどれだけ役に立てるか」をきちんと伝えることではないかと考えます。

⑥ 経営戦略の立て方

14 専門特化型（交通事故や相続など）を選ばなかった理由とは？

Noda's Answer 専門特化型を選ばなかった理由にはいろいろありますが、最大の理由はどのような専門領域が自分に向くかがわからなかったことです。弁護士になる前の技能経験から、十分に需要の見込める専門領域がある場合には専門化してもよいでしょう。

法科大学院の学修、司法試験、司法修習で見ることのできる業務領域というものは、弁護士業務のごく一部でしかありません。業務を行っていくうえで、事件に関する得手不得手や好き嫌いがわかってくるところも大きいですし、初めて出合う事件類型が自分に向いていることに気づき専門化するということもあります。また、先例のない事件を自分なりの工夫と努力で解決に導くことで日本唯一の専門家になるというパターンもあります（そして、このような専門領域は往々にして収益性が高いです）。

当初は間口を広くとって多様な事件を受任した方が、結局は総合力が向上することとなってよいと考えています。

Q15 開業・経営にあたってのコンサルタント利用をどう考えるか？

Fukazawa's Answer 将来的には一般化するかもしれませんし、期待もできますが、現状ではお勧めはできませんし、活用することは難しいかと思います。

弁護士というのは、プレイングマネージャー、つまり実際の事件処理と経営を「兼業」します。弁護士業自体、争いごとに介入するわけですから、当然のことながら心身の負担は少なくありません。

そんな中で、もう1つ、それも自分自身が当事者になっている争いごとというべきである「経営」、「営業」といった点についても、事件処理の傍らで考えていくのは、非常に大変なことです。

そういう意味でコンサルタント等を利用することで、これらの検討に要するエネルギーを節約し、より的確な判断ができるようにするというのは、とても合理的な話だと思います。

ですが、現状そういうことができるコンサルタントが成り立つのかは、私は大いに疑問をもっています。

弁護士業というのは、その性質上、特に守秘義務の関係で、なかなか実態というのが業界外の人に見えてきません。また、弁護士の業務はおのずから顧客との共同作業という側面が強くなることに鑑みれば、単に問い合わせがたくさん来ればよい、というものでもありません。

問い合わせの内容と受任する内容が一致しないこともしばしばあり、法律事務所の経営について「コンサルティング」をするのであれば、普段、法律事務所に問い合わせる人はどういう人が多いのか、どのような悩みを抱え、どのように話すのか、弁護士は、初回の問い合わせの電話にどのように対応しているのか、初回法律相談から受任につなげるにはどうしたらよいか、これらについての知識は不可欠でしょう。

要するに、弁護士業についてコンサルティングをするには、弁護士業について深い造詣が不可欠であり、かつ、その「深い造詣」が基本的にクローズドな世界の中だけに存在するという特殊性があります。

もちろん、以上に述べたような、弁護士がプレイングマネージャーを続ける、事務所運営の継続性が保ちにくいなどの事情は弁護士にとっても決してよいことではないので、コンサルタントの登場には期待をしたいところですが、現状では難しいと思います。

ただ、今後、経営者としても弁護士としてもスキルを積み上げ、かつ、それを人に伝える能力にも**秀でた弁護士が、弁護士向けコンサルティング業界に進出するということがあるかも**しれません。

なお、コンサルタントに限らない、非弁護士の協力を仰ぐ点については非弁提携等の問題もありますが、別の問い（本章Q18）で解説します。

Q16 共同経営ではなく、単独経営で独立することに迷いはなかったか？

Kita's Answer 開業時点では迷いはありませんでした。その時点の自分自身のキャラクターからして共同経営をしてもいずれ必ず他の経営者弁護士とぶつかることになると考えていたことと（いかんせんイソ弁時代の35期上のボスとは入所10か月でけんかをし、そこから拾ってもらったノキ先の事務所に入って１年と少しで開業を決意する人間です）、その時点ではそれなりに売上げがあると誤解していたことから、単独でも事務所を成り立たせることができるだろうと誤信していたことが理由として挙げられるかと思います。なおこの判断は後に誤りであったことが判明しました。

現在では、**経費の負担や仕事で煮詰まるなどの単独経営ならではの問題が大きいと考える**ことから、少なくとも当初の段階においては可能であれば共同経営をお勧めしています。もちろん、共同経営においては誰と組むかが非常に重要であることから、その部分についてはしっかりと選別する必要があります。

7 単独経営・共同経営

17 共同経営の場合、同期を選ぶか、期の違う人を選ぶか？先輩が経費を多く負担することもあるのか？

Noda's Answer　基本的に**共同経営の相手を修習期で選ぶべきではない**でしょう。仕事の仕方によっては家族よりも長い時間を過ごすことになる相手です。修習期で選ぶのは結婚相手を年齢だけで選ぶようなものです。

自分の強みと弱み、相手の強みと弱みの組み合わせから、共同で事務所を経営することにメリットがあるか否か。これに加えて長時間一緒にいても疲弊しないかで判断するのがよいと考えています。

経費の負担はその次の問題ですが、以上のような経緯で相手を決めたのであれば、固定経費を先輩が多く負担しても、あるいは均等割や売上げ比例させてもよいと思います。

Q18 他士業との共同経営をどう思うか？

Fukazawa's Answer **現行法上、ほぼ不可能**です。

共同経営をする場合、経費はもちろん、仕事や売上げも分け合うことになります。

弁護士法上、報酬を得る目的で、業として法律事務を行うことは、法律上の例外を除いて、弁護士しかできません（弁護士法72条）。

そうなると、弁護士でない者が弁護士と共同とはいえ、法律事務を行うわけですから、無資格の弁護士業つまり非弁行為に該当する可能性が高いと思われます。

また、その他士業の者のみならず、弁護士も、かような者から事件をもらったり、自己の名義を使わせることが禁じられています（弁護士法27条、77条1号）から、責任を問われることになります。なお、弁護士職務基本規程上、かなり詳細で厳しい規制が設けられています（同規程11条ないし13条）。特に、非弁行為をしていると「疑うに足りる相当な理由のある者」を「利用」することを禁止するという、かなり広範な規制もあります。

これらについては実質で判断され、サブリース費、人材派遣料、広告費、名目のいかんを問いません。

近時、新しく独立した弁護士をターゲットに「これは○○費だから、非弁提携にならない」などと甘言を弄して、半ば弁護士をだまして非弁提携をもちかける業者が少なからず存在します。

他士業と「連携」すること自体は、非常に有益であって禁じられていることではありません。しかし、その「連携」の内実によっては「非弁提携」ともなりかねませんので、注意が必要です。実際に行う前に、ぜひ所属会に相談するようにしてください。

8 開業後の売上予測

開業後の売上げと経費のバランスはどのように予測したか？　また、それは妥当であったか？

Kita's Answer 開業以前の段階においては、薄利多売ではあるものの個人売上げが1,300万～1,400万円程度あり、その他にノキ先から受領していた金員があったことから、独立後はノキ先の仕事に使っていた時間を自分の仕事にあてれば十分に採算がとれると判断していました。

そのため、開業場所についても駅近の新築ビルとし、当初から事務スタッフを雇用するなど今から考えれば高経費体質な事務所を開設しました。また、開業年度は前年の所得を基準とした税金がかかることから、そのアフタータックスもそれなりの金額となっていました。

開業後最大の誤算だったことは、ノキ弁のような「自分の所有時間のほぼすべてを事件処理に用いることができる」環境ではなくなるということでした。いくら小規模な事務所であっても、事件処理以外の作業（事務作業や経理作業、営業など）が発生します。その結果、薄利多売スタイルにとって最も重要な「事件処理のための時間」が減少し、その結果売上げも減少することになりました。

それでも開業時点においては売上げが経費および生活費を（ぎりぎり）上回っていましたが、その状態を続けていくことは、その後の経営を考えると妥当なものとはいえませんでした。

その後、開業４か月目にしてそれまでの業務の中心であった法テラスでの受任をやめたところ、売上げが急落し、経費と同程度もしくは月によっては経費を割るような状態に至ってしまいました。つまり、開業前のコスト計算は妥当なものではなかったということになります。

売上げと経費のバランスについては、予想外の事態が発生しても対応が可能なように、余裕をもって計算をしておく必要があると思います。

Q 20 開業当初の収入源は？どの程度、依頼者の「当て」があったのか？開業後に依頼・受任が増えた経緯は？

Kita's Answer 開業当初の収入源は法テラス案件が中心でした。私がノキ弁をしていた時代は法テラスの人気がなかったこともあり、東京であっても法テラスの事件については希望すれば大量に受任することが可能でした。なお、開業時点では法テラスの事件は大量に抱えていたものの、それ以外の事件はほとんどなく、顧問先も２社しかないというような状態でした。

その後、法テラスとの契約を終了させたこともあり、主に他士業からの紹介を中心にしようと思い、他士業との交流会に顔を出すなどして縁をつくったところ、少しずつ仕事が増えていきました。もっとも、こういった交流会に参加をしているメンバーは、**皆仕事が欲しいから交流会に参加しているという側面が強く、その時点では仕事がないことが多い**ことから、即効性は期待できません。これら交流会で知り合った人からの紹介の芽が出るのは早くて数か月後、場合によっては数年後になると思います。

他士業からの紹介、同業者からの紹介、旧顧客からの紹介等が重なっていくにつれて、事務所の経営が安定していきました。現在は顧問先の業務を中心としつつ、紹介で来る個別の事件を受任しています。なお、私自身は業務内容や事務所の立地からインターネットや広告による集客は行わなかったものの、業務の内容や事務所の立地がインターネットまたは広告集客に向いている場合には、特に開業当初の集客についてはインターネットでの集客（なるべく費用をかけないもの）は強い味方になるという印象があります。

Fukazawa's Answer　受任数が増加した経緯は、月並みな回答ですが、積み重ねの結果が出てきたということかと思います。

私は、東京で独立したので、最初から弁護士会の法律相談や国選を当てにすることが全くできませんでした。

したがって、仕事についてはほとんど100パーセント、自分で集めなければならないという状態でした。

ただ、**東京にはこのようなデメリットがある一方で、仕事の分量自体は非常に多い、周辺からのアクセスが非常によいというメリット**があります（本章Q21参照）。利用者からの比較検討に耐えて「勝つ」ことができれば、非常にメリットのある場所です。依頼者としても、東京都外から東京の法律事務所に依頼することには、全く抵抗を感じていないようです。

私の場合は、このメリットを生かして、ウェブサイトを開設したり、業者が運営する弁護士の広告サイトを活用したりして仕事を集めました。また、早くから専門特化も進めましたので、近場に対応する弁護士がいないという人からの依頼も急増し、分野にもよりますが手持ち事件の半数程度が東京都外の事件ということもありました。

法律相談、受任、事件処理の過程で、いろいろな経験・知識が得られますが、そういった経験・知識をウェブサイトなどによる集客にフィードバックをする、具体的には、ウェブサイトに、経験上依頼者が疑問に思う点（相談の数をこなせば、おのずから明らかになります）を積極的に掲載して情報発信をする、ニーズのある分野をメニューに加えるなど改善をしていくと、目に見えて集客が改善されました。

一方で、友人・知人、親族やその周辺からの依頼についても、インターネットでの集客数に比例して増えていったイメージです。

よく、独立するにあたって依頼者の「当て」がある、ないということが話題になりますが、実態としては、「当て」があったとしても独立直後からの依頼は期待することが難しいと考えるべきでしょう。

そもそも、弁護士に依頼するということ自体がめったにないうえ、だからこそ、知人だからとか親族だからとか、それだけの理由で独立直後の弁護士に頼もうという人は少ないかと思います。

ですから、「当て」にしていない人たちから、自力で支持を得て受任数を増やしていくことによって、「当て」にしている人たちからの依頼も期待できるようになると考えた方がよいでしょう。

さて、人は誰しも、いろいろな人と友人関係、取引関係などをもっているものです。目の前の依頼者は１人であっても、その依頼者とつながりのある人は無数にいます。ですから、１人ひとりの依頼者に対して、事件処理はもちろん、アフターサービス（一定期間経過後に現状を伺う）などをすることで、かつての依頼者からの紹介も期待できます。「過去の依頼者」というのは、増えることはあっても減ることはありませんから、積み重ねれば大きな効果があると思います。

⑨ 開業当初の売上げ・受任ルート

Q21 地方では開業当初でも弁護士会の法律相談や国選である程度の売上げは期待できると聞いたが、大都市では開業当初の売上げをどう確保し、経費を賄ったか？

Fukazawa's Answer　ここは、逆に考えました。

つまり、なぜ売上げを確保するのかというと、経費や生活費を賄うためです。そうであれば、確保できる売上げが少なくても、経費もまた少なければ、問題はないということです。要するに、経費を切り詰めることと売上げの確保は車の両輪であるととらえ、とにかく損益分岐点を調整することに集中しました。

売上げというのは、結局は水物であり、そもそも何人が問い合わせてくるか、依頼するかどうかということは、自分で決められることではありません。

もちろん努力は無駄ではありませんが、そもそも売上げというのは、自分でどうにかしようと思っても容易にできるものではない、ということを肝に銘じましょう。一方で、経費は自分が使う、使わないという問題ですから、ある程度はコントロールできます。物事は、コントロールできる方から手をつけていく、というのが定石です。

具体的な方策としては、インターネットを活用しました。なるべく既存のリスティング広告や「特集サイト」（広告業者が運営するウェブサイトでそこに広告を掲載するというものです。やや割高なケースが多いです）は利用せずに、経費を節減しながら集客に努めました。

特に経費節減というのは、「受任数を増やす」ためには非常に有効です。「えっ？　そんなことが関係あるの？」と思われるかもしれませんが、経費を節減すれば、（１件あたりの）売上げが少なくても、事務所を運営することができます。そうすると、訴額や依頼者の資力の関係で、他の弁護士が受任できない事件でも受任できるようになります。

ある意味、広告費を増やす以上に、経費を抑えるというのは、事件獲得に有益なのです。

特に東京で開業した場合、弁護士が多い、競争が激しいという「デメリット」はありますが、一方で、事件数そのものは多い、周辺からのアクセスも非常によい、というメリットもあります。費用対効果の面で魅力的な提案をすることができれば、東京で開業するということは非常に大きな武器になります。

少ない訴額の事件でも受任できるように報酬を調整し、かつ、それでも経営が続くように経費を節減する、これができれば、多くの事件を受任できるようになると思います。

9 開業当初の売上げ・受任ルート

開業１年目の受任ルートは？

22

Tabata's Answer　**１年目の受任ルートについては、法テラス相談2.5割、弁護士会の相談2.5割、ウェブや飛び込みでの集客が４割、紹介１割で、売上げが合計2,000万円強**というのがおおよそのところです。

当初の見立てで事務所の経営に必要なのは年間1,500万円程度で、その程度なら相談枠を譲ってもらうなどで対応できると考えていました（神奈川弁護士会では弁護士会から配点される法テラスや弁護士会の相談枠について、弁護士会のメーリングリストで交代を依頼する制度があります。原則、交代は早いもの順なので、若手だとメーリングリストに張りついて相談を交代してもらうという方法があります）。

ウェブについては、商圏と考えていた川崎市高津区内できちんとホームページにより集客している事務所がゼロという状況だったので、少なくとも数年間はそれなりの売上げを上げられると計算していました。事務所名を「溝の口法律事務所」としたのも、SEO（検索エンジン最適化）対策が目的です。

Fukazawa's Answer　基本的にインターネットを利用しました。

積極的にインターネットを選択した、という事情がなかったわけでもありませんが、都内で独立、それも早期独立ということになると、特別なコネクションでもない限り、集客はインターネットに頼らざるを得ないと思います。

もちろん、インターネット上も、競争は非常に激しいことに変わりはありません。ただ、インターネット経由での広告を検討するにあたって、多くの法律事務所のウェブサイトを比較検討したところ、依頼者目線、わかりやすさ、親切さ、といった点では、他の業界に比べれば不十分なものが大半でした。

そういった中で、依頼者にとってわかりやすく、頼みやすく、そして信頼を得やすいものは何か、きちんと考えて文面をつくれば、率直にいうと「他の業界では当たり前にやっているであろうこと」をしっかりやれば、こういった**競争の中で抜きん出るのも決して不可能なことではない**と思います。

一方、インターネット以外のルートからの受任も、当初はほとんどありませんでしたが、時を経るにつれて増えていったというイメージです。

従前からなんらかの「つながり」があったとしても、やはり人はなかなか独立直後の弁護士には依頼してくれません。そういう意味で、実績を積み上げる、信頼を得るためにインターネットで集客を図ることは重要だと思います。

⑩ 内装関係

Q23 内装費用はどの程度かかったか？

Fukazawa's Answer　ほぼ０円です（ただしパソコンなど、細々とした什器の費用はかかりました）。

レンタルオフィス（メリット・デメリットについては、本章Q09を参照）を利用したので、そういうものは不要でした。

一方、パーティションをつくったりすると、相当な金額になると思います。

これから独立しようとする人には、「どの程度かかるのか（かけるべきなのか）」が気になる点かと思いますが、ここは逆に考えて、**①どの程度かけられるか、②法律事務所としての要件を満たすか、この２つの観点からコストを決めていくのがよい**と思います。

つまり、①があまりないというのであれば、レンタルオフィスを使ったり、あるいは弁護士を含む士業の事務所の居抜き物件を探すべきです。

また、②についていえば、法律事務所であれば「執務スペース」と「面談スペース」が必須の要件です。

この２つを満たしつつ、調度品はどれくらいよいものを使うか、執務スペースと面談スペースの仕切りはどれくらい完全なものにするか、かけられる範囲でコストをかけていけばよいでしょう。

ですから、いくら必要であるとか、いくらかかるとか、そういう話にはあまり重要性はありません。法律事務所に必要な要件を満たすか、満たすためにいくらかけられるか、という問題に帰着すると思います（上記①と②）。

もっとも、内装にコストをかければ、執務のしやすさ、顧客満足度は上がりますので、かけられるのであればかけるに越したことはありません。

ただ、居抜き物件を見つけることのできる可能性が高く、また、選択肢が多くて状況に応じ「よりよい・お得な物件」に移転しやすい大都市圏であれば、内装にコストをかけすぎると無駄になる可能性がありますので、その点は注意が必要でしょう。

Mukouhara's Answer 500万円程度です。その内訳は次のとおりです。

- パーティション工事　約130万円
- 壁のクロス・シート　約55万円
- エントランス　約37万円
- 電気工事　約60万円
- カーペット　約30万円
- 什器備品　約180万円

この中で特にこだわったのは、エントランスとパーティションでした。

パーティションには、スチール・アルミ・石こうボードといった素材があり、スチール製は防音性が高いとされていますが、実際にはそうでもないということを聞いたので、素材にはあまりこだわらないことにしました。

それよりも、見た目を木目調にして、**お客様に安心感を与えるような癒やしのあるデザイン**にしたかったので、そうした内装をつくりやすい石こうボードでのパーティションを選択しました。

内装工事において忘れがちなのが、電気工事です。もともとの電灯の場所やコンセントの場所では不都合な場合があり得ます。そのような場合、電気工事を行う必要がありますが、テナントビルの場合、業者が限定されているので、これが案外高くつきます。この費用を計算に入れるか、もしくは内装レイアウトを考えるときに、もともとある電灯やコンセントの位置を計算に入れる必要があります。

⑩ 内装関係

Q24 事務所のレイアウトをどのように決めたか？

Kita's Answer　事務所のレイアウトを考える際に注意をすることとしては、

①　空気の流れ
②　執務スペースの配置
③　防音

の３点が挙げられます。

まず、①空気の流れについては基本的なことですが、エアコンの送風口が１つしかないような事務所の場合、空気の流れを遮断してしまうと、事務所の一部が極寒だったり極暑だったりという状況になってしまうため、事務所全体に空気が循環するようにするか、送風口が複数設置されている物件を選択するなどの対応策が必要になります。

特に、パーティションを天井まで設置してしまうと、送風口を複数設置するために空調設備自体を変更する必要があることから、費用がかかる原因となります。

また、②執務スペースの配置については、その弁護士の考え方や好みが出るところではありますが（個室のようになった執務スペースを好む方もいます）、基本的には弁護士と事務スタッフの距離が近く、相互に連携をとりやすい状態にしておいた方が効率的ですし、人の目があった方が仕事自体も進むのではないかと思います。ただし、**事務所内の動線は意識しておかないと、複合機や作業台に向かう都度、不便な思いをする**ということになりかねません。

③最後の防音ですが、複数の打合せスペースを確保する場合には必須といえましょう。打合せスペースが１つしかない場合は完全防音までは必要ありませんが、電話の声が聞こえるなどの弊害も生じますので、やはりある程度の防音性能はあるに越したことはないと思います。

上記のような希望を複数の業者に伝え、実際の内装イメージおよび見積りを作成してもらい、そのうちの１社に発注するという手続きをとりました。なお、業者については、知り合いの事務所に行った際に気に入った内装等があればその業者を聞いておいて紹介してもらうという方法がよいのではないかと思います。

Mukouhara's Answer　意外と見過ごされがちだと思いますが、

① 事務局の動線と弁護士の動線の確保
② 記録や書籍の収納場所の確保
③ 空調装置や防火設備の配置

が重要だと考えます。

① 事務局の動線と弁護士の動線の確保

コピーやファクシミリの使用は事務局の仕事です。したがって、例えば、事務局の執務場所とコピー・ファクシミリの配置は近い方がよいでしょう。

また、机や椅子を配置するにあたり、**人が通るスペースが意外と見過ごされやすい**のではないかと思います。私が計測する限り、人が座ると、その「厚み」は少なくとも60センチメートルは必要で、そこに椅子の厚みが加わります。

加えて、人がまともに通ろうとすると、通路スペースは、できれば80センチメートルほど必要です。60センチメートルだとぶつかる確率が高まります。

したがって、事務局や弁護士の動線を確保するためには、このくらいの数値を目安にするとよいのではないかと思います。

② 記録や書籍の収納場所の確保

記録や書籍の収納場所がなければ、事務所はグチャグチャになります。記録の紛失等は絶対にあってはならないことですし、第一、業務効率に大きく影響します。したがって、記録や書籍の収納場所は、できるだけ多く確保しておくことが望ましいでしょう。

とはいえ、場所は有限ですから、配置にはいろいろな工夫が必要でしょうが、それも、開所の際の楽しみではないでしょうか。

③ 空調装置や防火設備の配置

空調装置や防火設備は、既存の配置から新たに変更を加える場合、ビルの指定業者に依頼しなければならないこともあり、その場合、高額の費用がかかります。したがって、開業資金が乏しい場合、空調装置や防火設備は、既存の配置のまま変更を加えられない、ということも考えられます。

そのような場合には、部屋の配置の仕方自体に影響が出てくる可能性があります。例えば、会議室の仕切りを天井まで完全にふさぐ形態にするのであれば、その部屋の中には必ず空調装置と防火設備が必要ですが、他の部屋にそれらの設備がないという事態だけは避けた配置が必要になります（それができない場合、会議室の仕切りを天井まで完全にふさぐことができない、ということになりますから注意が必要です）。

内装・備品のこだわりは？「不要であった」、「もっと安価なものでよかった」というものはあるか？

Mukouhara's Answer

① こだわり

事務所の内装についての最大のこだわりは「重厚感とコストのバランス」です。そのため、以下のようにしました。

まず、**お客様に見えるスペースは、木目を多用し、ダークブラウンを基調として可能な限り重厚感をもたせました**。室内の書棚もブラウン系で統一しています。

これに対し、弁護士・事務局の執務スペースは、そのようなことは考えず、価格重視でリーズナブルなものを選択しました。したがって、弁護士の執務机も、よくある重厚なエグゼクティブデスクではなく、一定の広さが確保できればよいと考え、横幅150センチメートル・奥行き60センチメートルになるように、ビジネス用スチールデスクにしていますし、また、事務局用執務机はさらにもう少しリーズナブルなものを選択しています。

書棚も、スチール製や多段式のものを選択すべきでしょうが、実用に堪えればよいと判断し、一架1万円台のものを並べました。

そうすることでトータルのコストダウンを図り、その分を接客スペースに充当することができたと思います。

② 不要なもの・もっと安価に抑えるべきだったもの

ビジネスフォン（電話機）は、それほど多機能なものである必要はなかったと思います。ただ、電話機は、多機能であっても、機能の少ないものと比べて格段に高くなるというものでもないようなので、コスト面ではさほど問題はなかったように思います（調査不足かもしれませんが）。

⑩ 内装関係

26

不動産や内装・消耗品等の業者はどのように探したか？

Kita's Answer

業者の選定は情報の共有がなされていないこともあり、難しいところです。知り合いの紹介だからということで相見積りをとることなく決定する方もいますが、**基本的には相見積りをとる方が安くなることがほとんど**ですので、複数の業者から相見積りをとる方がよいでしょう。

私の場合は、不動産業者はネットで探した複数の業者に同時に依頼をし、内装業者は友人・知人の事務所を手がけた業者複数社を紹介してもらい、事務所の方向性を告げたうえで配置図と見積りを出してもらい、それらを比較のうえ業者を決定しました。なお、私はあまり値段的な交渉をせずに発注をしてしまいましたが、相見積りをとったうえで値段の交渉をすると結構な減額をお願いすることが可能ですので、時間に余裕がある場合は行った方がよいと思います。

消耗品等は日常の利便性を考え、オフィス用品の通信販売を利用しています。近年は、アスクル等、消耗品を翌日配送する通信販売サービスが増えていますので、その中で利用しやすいものを選べばよいのではないかと思います。個人的には、消耗品をわざわざ買い出しに行くのは時間の無駄であると考えています。

Q27 セキュリティにどの程度経費をかけるべきか？

Fukazawa's Answer 安心して執務できる程度には、費用をかけます。

まず、物理的なセキュリティですが、こればかりは入ったビルなどによるので、全体でいくらかける、ということはいえないと思います。

もっとも、この仕事は、かなり恨みを買いやすい仕事ではありますので、入居するビルを選ぶにあたって「セキュリティ」にはよくよく注意をするべきです。

また、ビルの設備などによらなくても、防犯グッズを事務所の備品にすることで、それなりのセキュリティを確保することはできます。

防犯グッズには、刺股をはじめいろいろありますが、熟練が不要で簡単に使え、**目立たないので事務所の雰囲気を壊さない、ということで防犯スプレーがお勧め**です。

また普段から、例えば来訪者が暴れ出したらどうするかなど、事務局や弁護士同士で話し合っておくことも大事です。

特に、事務局は弁護士よりも長時間、事務所内にいるわけですから、リスクは弁護士より高くなります。事務局が安全に安心して執務できるようにすることも、弁護士の重要な役割です。

いわゆる「一見」の相談者というのは、会ってみるまで、下手をすれば会った後も、どういう人かは容易にわかりません。ですから、注意をしてしすぎる、ということはありません。

次に情報セキュリティについてですが、定評のある有名なウイルス対策ソフトを利用する、クラウドサービスは信頼できるところしか使わない、データ管理について事務局を指導する、そして、パソコンやスマートフォンで仕事をする場合には、パスワードロック、暗号化を必ずするということは、心がけています。

特に、パソコンでもスマートフォンでも、パスワードロックをかけただけでは、技術的に詳しい人であればデータを抜き出せてしまうリスクがあります。ですから、パスワードロックだけではなく、暗号化も必ずすることが重要です。

Windows®であれば、BitLocker®というHDD全体を暗号化する機能が標準で搭載されていますし、Android™のスマートフォンにも、最近のものには全体を暗号化する機能が付いています。

パソコンとスマートフォンは、「いつ落としても大丈夫」という前提でセキュリティ対策をしておくべきです。

28 相談室は完全個室か？　防音はされているか？

Kita's Answer　相談室自体は完全個室ですが、防音はされていません。事務所全体で相談室が１つしかないことから、顧客同士がバッティングしないこと、および空調の関係で完全防音が難しかったことが原因として挙げられます。

もっとも、可能であれば相談室は完全防音にしておいた方がよいとは思います。その方が電話の音等に気をとられずに相談者も弁護士も話をすることができますし、顧客に与える安心感も高くなると思います。

また、相談室が複数あるような場合には、当然ながら完全防音にする必要があると思います。

最終的には事務所のレイアウト的な問題と費用との兼ね合いであると思います。完全防音にしようとすると費用がはね上がりますので。

12 書式等の準備

Q29 事務に必要な書式（請書、ファクシミリ送信書等）はどのように準備したか？

Fukazawa's Answer　**インターネットや書籍、そして相手方代理人提出書面（！）を参考にして、自分でつくっていきました。**

書式というのは無限にありますが、結局「書式がない『だけ』」で困るというケースはほとんどないのではないかと思います。

要するに、建物明渡しの強制執行がわからないことはあっても、その申立書の書式「だけ」わからない、ということはないだろうということです。

ですから事件処理の過程で、必要に応じて少しずつ自分で書式を整え、自分なりの「書式集」をつくっていけばそれで足りるのではないかと考えます。

ところで、私が書式をつくる、整えるにあたっては、注意していることがいくつかあります。まず、基本は、「書式に固有名詞を入れないこと」です。例えば、Ａ事件で申立書をつくり、それを書式として保管しておこうとした場合は、必ず固有名詞の部分を削っておく、ということを心がけています。書式というのは、ファイルをコピーして事件用に編集して利用するかと思いますが、そうすると、Ａ事件の固有名詞がＢ事件の書面に混じってしまう、という事故が起こりかねません。

似たようなトラブルで、文書データを送ったら「作成者」が文書情報に記録されており、そこから、関係者、取引先が推知されてしまったという話はたまに聞くところです。

次に、固有名詞など書式において事件ごとに書き加える部分については、「●」文字で埋めておくと便利です。「●」というのは、画面上でかなり目立ちますので、空白よりも「記載漏れ」が生じにくくなります。

Q30 ロゴマーク作成の具体的な手続きは？

Tabata's Answer ロゴマークについては、現在のものが必ずしも最高だというわけではなく、事務所イメージにより合ったものを考えているところです。

私の場合は、ホームページをつくってもらった業者にロゴも相談してつくってもらいました。具体的には、イメージを伝えて複数の案をもらい、何度かやり取りしたうえで、データで納品してもらい、そのデータをウェブやチラシをつくる際に業者に渡して使う方法です。現在は法人名の頭文字のアレンジのようなロゴです。

私のように知り合い経由で頼む方法も悪くないとは思いますが、現在はネットなどでコンペ形式で非常に安くロゴをつくってもらうサイトがいろいろあります（一例として、ランサーズ（http://www.lancers.jp/lp/logo/））。

低価格で済ませるならそれでよいかと思います。そもそもロゴマークに事務所のイメージを重ねるといっても、なかなか立ち上げ当初はそうした像が描けないという人が大半ではないでしょうか。そのため、毒にも薬にもならぬ頭文字ロゴが氾濫するわけです。もともと弁護士の仕事はロゴでとってくるような仕事ではないので、**悪目立ちするよりはどうでもよいロゴで最初はスタートする形でよい**と私は考えています。

ただ、弊事務所も数年がたち、キャラクターのようなものができつつあります。また、仕事や友人を通じて知り合ったデザイナーの方にすばらしい作品をつくる方が何人かいらっしゃいます。少し資金的に余裕ができたら、そうした方にちょっと費用をかけてでもお願いしてみたいというのが今の私の考えです。

13 事務所開業の周知

Q31 開業の挨拶状はどの範囲に送付したか？ 単位弁護士会全員に送付する必要はあるか？ 費用対効果は？

Noda's Answer

個人的な経験としては、隣接士業、自治体、単位弁護士会の会員全員のほか、地元選出の議員（市議会議員全員、県議会・国会議員のうち事務所所在地に選挙区を有する者）に挨拶状を送付しました。また、プレスリリースをマスコミに送付しました。

このような行動に至った理由は次のとおりです。

まず、送付しなかった範囲と理由について説明します。

中学・高校の同級生については、私の場合、学年の５パーセント程度（各クラス２人程度）が弁護士となっており、また、その後の交友で弁護士の知人がいる可能性が高かったことから、全員への送付は効果が低いと判断し、従前から交友のある友人に限って送付しました。大学については同窓会名簿がなく、把握している同窓の知人については法曹の比率が高いことから、同様に交友のある友人に限って送付しています。

同級生に法曹がほとんどいない場合や法学部以外の出身者については、挨拶状を送付することも効果があるかもしれません。

送付した範囲については次のとおりです。

隣接士業には、本来、弁護士の職分である相談内容が寄せられていることが多いことから、効果が高いと判断して送付しました。実際に数件の紹介を受けており、また、こちらからも仕事の紹介を行っています。

自治体については、私の場合、他に弁護士が存在しない市において開業したことから、広報の点で効果が高いと判断して送付しています。他の弁護士が多数存在する自治体について同様の効果が見込めるかは疑問ですが、庁舎内で回覧されると高い効果を上げることがあります。

単位弁護士会の全員に送ったのは、私の登録する単位会が小規模会であり、慣例として全員に送付するものであることによります。これは、登録先の先輩弁護士に慣例の有無について相談するとよいでしょう。

議員については、選挙区から個別の相談を受けていることが多く、その相談の解決方法として弁護士相談を勧めることがあるため、隣接士業と同様に考えて挨拶状を送付しています。実際に数件の相談や依頼がありました。

マスコミへのプレスリリースについては、市内に他の弁護士がいないことからニュースバリューがあり、報道される可能性があると判断して送付しました。実際に新聞２社に報道されました。

考え方としては、他の弁護士との関係で**自分が事件紹介を受ける見込みがどの程度あるかの判断と送付費用との兼ね合いの問題**となるでしょう。

⑬ 事務所開業の周知

開所披露としてどのようなことを行ったか？行ってよかったことは何か？

Mukouhara's Answer　実は、それほど特別なことはしていません。当事務所の開所披露では、寿司をとり、飲み物を多数用意し、**ひたすら食べて飲んで、歓談いただくことのみに専念**していました。

ただ、開所を聞きつけて、特別な日本酒である「勝訴」をお贈りくださった先生がいらっしゃいました。いろいろなお酒を用意していましたが、このお酒は来所された先生方の目をかなり引きつけたようで、大変好評でした。

当事務所の開所披露の内容よりも、他の事務所の開所披露を見る中で、「これをやっておけばよかった」ということの方が多かったので、その話をさせていただきます。

例えば、その中で最もインパクトがあったのは、寿司職人を呼んでその場で握ってもらうというものでした（このときは、自分が独立するときはやってみたいなぁと思ったものですが、実現しませんでした）。

ほかには、ビールサーバーをレンタルして設置していた事務所もありました。これも、やってもよかったなぁと思いました。

また、開所披露のお土産を用意している事務所もありました。中には、オリジナルパッケージのコーヒーをいただいたこともありました。私はコーヒーが好きなので、これもやりたかったなぁと思いました。

開所披露については、このように反省ばかりです。

Q33 独立を決意してから開業までの間に最も悩んだことは？

Kita's Answer

独立を企画中に同期の友人複数人から共同経営をもちかけられたことから、その際に共同経営をするかどうかについて考えたことが開業前に最も悩んだことかもしれません。ただ、自分の性格を考えて当初から単独経営にしようと思っていたことから、この点についてもほとんど迷いませんでした。もっとも、**現在から考えると共同経営にしておくべきであった**とは思っています。

なお、独立後に経営が成り立つのか、仕事をこなすことができるのかという点は当然に悩んでおくべきですが、自分自身の開業のときはきわめて楽観的に考えていたことから、ほとんど悩みませんでした。この点についても実際の開業前に十分に悩んでおくべきだと思います。少なくとも経費の計算についてはもっとシビアにやっておくべきだったと反省しています。

なお、実際に仕事ができるかについての悩みですが、それ以前の段階でイソ弁を1.5年、ノキ弁を２年ほどやっており、それなりに仕事を回せていたことから、あまり不安感はありませんでした。この点については、いくら経験が豊富になったとしてもすべての仕事が完璧にできる状態に至ることなどあり得ないことから、ある程度見切りをつける度胸が必要かと思います。

14 開業時の悩み・失敗

Q34 開業時に「失敗した」と思ったことは？

Kita's Answer　開業後のランニングコストについてもっと余裕のある計算をしておくべきでした。また、開業費用も無駄にかけすぎました。

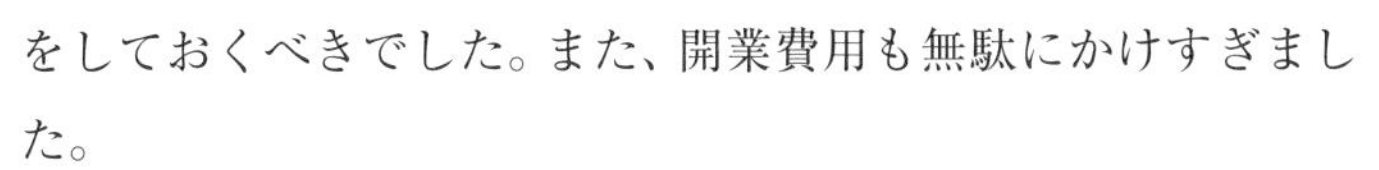

基本的に開業費用およびランニングコストについては、かなりシビアに判断しておくべきであると考えます。通常、開業時は貯金があることから、少しくらい多く金銭を使うことにためらいが生じにくいこと、そもそも開業というイベントに舞い上がっていることから、想定以上に金銭を失う可能性があります。

私の事務所は内装のほぼすべてが新品なのですが、顧客から見える部分はともかく、単なる作業スペースについては中古品を中心とした安価なもので十分だと思います。ただし、弁護士は長時間座って作業をする仕事でもあることから、腰を痛めないために椅子だけはよいものを買っておいた方がよいとは思います。

また、その後のランニングコストの設定についても、ある程度の余裕がある設定にしておかないと、何か１つ予定と異なることがあっただけで一気に赤字に転落する可能性があります。**「売上げ＞経費＋税金＋生活費」が最重要**です。私の場合は法テラスというある意味単独の顧客に依存する経営スタイルであったことから、法テラスとの契約を解約した瞬間に収入の大部分が途絶するという状況に至りました。特定単数の顧客に頼った経営には危うさが伴います。

なお、より根本的なこととして開業場所の選定については、より注意が必要であると考えています。弁護士はきわめて地縁的な商売であり、最初の開業場所をどこにするかによって集客も含めた事務所経営の難易度がかなり変わります。そのため、最初の開業場所については、その点も十分に考慮して選ぶ必要があると思います。

弁護士は通常、裁判所アクセスと顧客アクセスを重視して事務所を開設しますが、ほとんどの人間が同じ思考回路をたどるため、法律事務所は特定の場所に集中して存在しがちです。しかしながら、そのスタイルが本当に事務所を経営していくにあたり利益となるのかについては分析が必要となるでしょう。個人的には、名の知られた駅で、かつ乗り換えが多く行われる駅の近くなどは集客バリュー（特にインターネットを用いた集客バリュー）があるのではないかと思っています。

Mukouhara's Answer

① 電子メールがうまく動かなかったこと。早めにプロバイダとの契約、パソコンの設置をしておいた方がよいでしょう。

② ホームページの開設が大幅に遅れたこと。これは、業者との打合せに**十分な時間がとれなかったこと**が原因です。これも、開業までにしておくべきことでした。

⑮ そのほか

Q35 家庭生活を維持しながら独立するためのポイントとは？

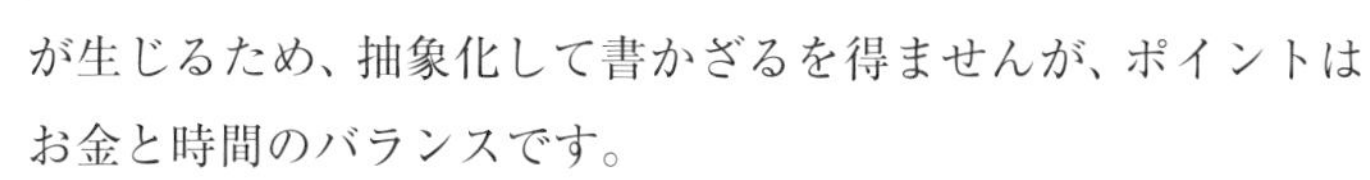

Noda's Answer　見聞きした具体的なエピソードを挙げるといろいろと支障が生じるため、抽象化して書かざるを得ませんが、ポイントはお金と時間のバランスです。

独立に際して、多くの場合、家族の生活費を稼げるかが最初の問題になるでしょう。抽象的な助言としては、自分のもっている数字がわかるまでは独立すべきではないということです。開業して見込める売上げについて一応の予測ができるか、事件がなくても食べていく道が確保されているか（副業か主夫・主婦でも大丈夫か）、さもなくば投入資金量と撤退ラインが決まっているかのいずれかが必要です。

事件処理が一応できる状態で独立したが経済的に成功しているとはいいがたいパターンでよく見聞きするのは、お金の計算をしたことのないイソ弁からいきなり独立したパターンです。比較的恵まれた事務所から独立した場合や法テラスのスタッフから独立した場合がこれにあたることが多いと思います。売上げを考えて事件処理をしたことがないというのは、独立するにあたって致命的な要素になり得ます。十分な見通しをもって独立するべきです。

次に問題となるのは時間です。仕事がなければ暇ですが、いつまでも暇というわけにはいかないでしょう。独立すると、イソ弁のときと事件量が同じでも、マネジメントと営業が活動として増加するために基本的に忙しくなると思っておいた方がよいでしょう。売上げ的には成功したが忙しすぎて帰宅が深夜に及ぶことが続いたり、やむを得ず職場近くのビジネスホテルに寝泊まりという話はしばしば聞きます。そのような生活が続いた結果として、幼い子どもに存在を忘れられたり、「今度いつ来るの？」と尋ねられたりという話を聞くこともあります。

自分の人生における優先順位とよく向き合い、お金と時間のバランスをど

うとるかは真剣に考えておく必要があります。

なお、現在の私個人についていえば、事件量は十分にありますが、家族とのかかわりに時間を使いたい時期であることから、必要な売上げにギリギリ達する程度に事件量をセーブして家族との時間を確保しつつ、比較的余裕のあるところで今後に向けた新しい事件類型についての学習をするようにしています。

独立開業後の不安
——**顧客獲得**

Q 01 仕事を集めるコツはあるか？営業戦略として何か特別なことをしているか？顧客獲得のために一番気を付けていることは何か？

Kita's Answer 営業戦略とは簡単にいってしまえば「自分は何ができる人であるか」を「顧客予備群」にいかに「接触頻度を高めて」伝えるかという戦略です。営業のための個々のツールはそのための手段にすぎません。

そして、いかなる営業が効果的であるかは、その地域の特性と自分が想定する顧客層の性質および自分が行って苦痛ではない方法によります。そのため、「自分が想定している顧客はどのようなルートで弁護士にアクセスするか」をよく考え、どのようにそのルートを使うかを考えるべきだと思っています。

私自身は仕事のほとんどを紹介でいただいており、その紹介元としては、①他士業の先生方、②顧客又は顧客の知人、③期の近い同業者が比率としては高い状態にあります。そのため、特に①と②の方々との接触頻度をいかに高く保つかという観点が重要になります。

また、その接触についても、①新しい人脈を開拓する方法と②既存の人脈を強化する方法は異なります。営業というと①に目がいくことが多いのですが、仕事に結びつくという意味で効率がよいのは②だと思います。

私個人は、①SNS、②交流会、③食事会、④勉強会を組み合わせていますが、②が主に新しい人脈を開拓する方法であるのに対し、③は新しい人脈の開拓と既存の人脈の強化の両方に使っており、①・④は既存の人脈の強化に使用しているというイメージでいます。

個人的には「**やっていて苦痛」な営業活動は続かない**と思っていますので、自らが苦痛なく行える営業活動を地道に行っていくのが一番よいのではないかと思います。

Tabata's Answer　**「キャラクターを立てる」**ことを明確に意識しています。

営業戦略的にも特に変わったことをしているわけではないのですが、１点挙げるとすれば「食べにいく」ということに特化していることは挙げられそうです。例えば、ゴルフで一流の腕前になるためにプロのレッスンを受けている人がいますよね。それくらいの情熱で食べようとは思っています。東京周辺の新しい店の評判は普段から調べ、有名店といわれる店を時間の許す限り訪問し、美食家という人たちと友人になって予約のとれない店を紹介してもらい、『ミシュランガイド』、『ザガットサーベイ』や料理雑誌に目を通し、自分でも休日はゴハンをつくり……えっ？　それはもう営業じゃなくて単なる趣味ですって？　まさにおっしゃるとおりです。

しかしながら、こと顧問契約については、いわば弁護士と経営者の恋愛のような巡り合わせがなければ、数多い弁護士の中から顧問として起用されることはありません。そのためのツールとして、いかにも営業然とした行動しかとっていない弁護士というのはどうでしょうか。また、明らかに仕事を求めて近づいてくる人に顧問契約を頼みたいと思うものでしょうか。私はある時期から、新しく人と会うのに積極的に仕事の話をしたり、仕事目的を前面に出しての交流はしないようになりました。単においしいものを食べて回って、その過程でいろいろな方に出会うだけです。そのときもまさに友人と話すように（もちろん年上・目上の方への敬意は払います）、ざっくばらんな話をするようにしています。その結果、単にお店で隣に居合わせて顧問契約をいただいた会社もあれば、「食べっぷりがよいから顧問契約するよ」という経営者の方もいらっしゃいました。もちろん食べるところだけを見ているわけではないのでしょうが、顧客の視点に立つと、むしろ仕事の話を離れてざっくばらんに話しているときに見えることこそが大事で、自分のキャラクターを明確に出した方が、会った人の印象には残ってくれるのではないかと私は考えています。なにより、自分も楽しいですし。

Noda's Answer バラバラの見込み客に対してアクセスするのではなく、**見込み客の集まる場にアクセスする**ことを心がけています。どこにでもある場としては、行政機関、隣接士業、議員の事務所、病院、社会福祉協議会などが考えられますが、ほかにもいろいろなパターンがあるでしょう。

そのような場に対しては、弁護士の存在を示すだけでもそれなりの効果がありますが、場の性質に合わせて紛争解決の具体的なメリットを示すことができれば効果的です。その場合のメリットは、見込み客にとってのメリットであることに加えて、その場に対するメリットが付加されていればなおよく、特にこの点に注意を払っています。例えば、行政機関との関係では、生活困窮者の債務整理をすることで生活保護の予防や各種の滞納の解消などのメリットを示すことになります。

Fukazawa's Answer 仕事を集めるコツや具体的な営業戦略は特になく、顧客獲得のために何か特別なことをしているというわけではありません。

現状、事務所への問い合わせ件数、相談件数を、劇的に増やす処方箋はないと思います。

ただ一方で、相談者や面談をした人から、依頼を受けやすくするというコツならばあると思います。

これは、受任するためのコツというより、事件処理のクオリティを上げ、相談者の満足度を上げるコツという方が正確です。

具体的には、**すぐにレスポンスする、回答に時間がかかるときは「すぐに」その旨と時間の見込みを伝える**、法律相談の前に「下調べ」をする、相談者のニーズに実現の見込みがないとしても、それは無理だというだけではなく代替案を述べる、などです。

加えて、企業法務などで、決定権者と相談者が違うケース、相談者が誰かに「報告」することが必要となるようなケースでは、相談の結果の要旨を「紙」に書いて渡すことも非常に有効です。

事務所に問い合わせが来るか来ないか、その数はどの程度になるのか、といったことは、外的要因にかなり左右されますので、努力だけではどうにもならないという側面もあります。しかし、実際に問い合わせや相談から受任につながるかどうかは、弁護士の力量にも左右されます。

ですから、「顧客獲得のために一番気を付けていることは何か」と聞かれれば、月並みな答えですが、早くて的確な対応を心がけていることです。ただ、多くの場合、それだけでも非常に満足していただけるという印象です。

Mukouhara's Answer 仕事を集める場合、「地元の人・学校の人脈」を頼るのが一番効率もよく、確実だと思うのですが、自分の場合、開業した福岡は地元ではなかったので、そのような方法をとれませんでした。そこで、他の方法をとるしかないと考えたのですが、そのときに一番意識したのは「できるだけ多くの人に知り合いになってもらうこと」でした。

そのために、個人受任増加が視野に入ってきた弁護士２年目頃から、異業種交流会に参加するようにしました。最近では、多くの若手弁護士がとる方法だと思います。

営業戦略としては、知り合いを増やし、できるだけ大切にし、仲よくなっていくこと。それ以外に、特別な戦略はありません。

ただし、もし特別なことを挙げるとすれば、**「知り合いの中で弁護士といえば自分」と思ってもらえるように努力する**ことです。そのために、知り合った人から質問を受けたときには、真摯に答えるように心がけています。

また、顧客獲得のために一番よいのは「やれる」、「とれる」、「勝てる」という点をアピールすることでしょう。しかし、同時にリスクや懸念材料をきちんと率直に説明することが、顧客に対する誠意だと思います。こうした説明の端々から誠意の有無はおのずと伝わりますから、非常に重要です。ただし、その際の説明には、かなり注意を払います。あまりにも「できない」ばかりでは、頼りない弁護士とのレッテルを貼られてしまいます。

説明の仕方に神経を使うこと、これに尽きるのではないでしょうか。

また、弁護士費用については、こういう場合の費用はいくらか、ということを説明し、複雑な場合は見積書をつくるようにしています。

営業として功を奏さなかったという失敗は何か？

02

Tabata's Answer 私も何度か経験しましたが、新人が失敗しがちなこととして、「先輩の同業者と一緒に営業の場に行く」というのがあると思います。

交流会などに出席している他業者の立場から、「まあまあ若手の弁護士と、それにくっついてきた自信なさげな後輩」が一緒にいた場合、後者に仕事を頼むことはまずないと思います。先輩の営業の仕方を学ぶというのも重要ですし、試しに連れていってもらうのはよいのですが、そこに長居して後輩キャラとして２番手になってもメリットはゼロなので、新しく**自分自身の人脈をつくっていく**方がよいと思います。

Fukazawa's Answer これは、私が下手なだけかもしれませんが、他業種交流会が「功を奏さなかった」ことの筆頭です。

現状、日本には、予防法務という発想があまり普及していません。ですから、弁護士と話をして「今は問題はないけれど、問題予防のために弁護士に頼もう」という人はほとんどいません。

また、仮に問題が生じれば、異業種交流会などに顔を出す前に、自分で弁護士を探して依頼していることが多いと思います。

そうなると異業種交流会で交流をもった人が、トラブルを抱えたときに自分に相談してくれることを期待することになりますが、そうそう都合よくはいかないと思います。

また、他士業の先生と交流があっても、現状、弁護士業務である一般の法律相談についても他士業の先生が行っている場合が多く（これについては弁護士法上の問題があるのですが）、訴訟など法律上でどうしても弁護士が必要にならないと、こちらまでなかなか話は回ってきません。ですから、必ずしも有効ではありません。

法律相談の話をもらったと思ったら「自分の顧客から○○という法律相談を受けているが、自分はなんて答えたらよいか」という質問だったこともありました。

ただ、異業種交流、他士業交流というのは、仕事獲得という面ではいまいちであったとしても、いろいろな人に出会える、刺激をもらえるという意味では有益ではあります。

Mukouhara's Answer　さまざまな異業種交流会に顔を出しましたが、その中には、営業上奏功したものとそうではないものがあるのは事実です。

ただ、一見、奏功しなかったと思われる異業種交流会でも、そこでの縁がもとになって、次の縁・仕事につながる、ということは多々あるので、**「失敗だった」と思うことはあまりなかった**です。

03 「誠実に仕事をしていれば、自然と（リピート、紹介で）仕事が回ってくる」といわれるが、本当か？　イソ弁の場合と、ボス・パートナーの場合で異なるのか？

Tabata's Answer

これがボスから仕事を振られてこなすイソ弁の一般民事業務についてもそうだというのなら、そんな馬鹿な話があるかというレベルです。いった人を問い詰めたい。

「1件目」がなければリピートも紹介もないのですが、まず経営者ではない普通の依頼者からはリピートにも紹介にもつながりません。離婚や交通事故で弁護士に依頼した方が他の事件で弁護士に依頼する確率はかなり低いのではないでしょうか。**「仕事につながるような人に会う」機会はつくっていかない**といけないと思います。

イソ弁であるかボス弁であるかという点もありますが、むしろ大事なのは「自分の人脈経由の依頼者か、あるいはボスの人脈ないし飛び込みの依頼者か」ということではないでしょうか。イソ弁でいる間に飛び込みの依頼者から信頼を得て、独立後リピートや紹介を得る、ということもないとはいえませんが、あまり期待できるルートではないこと、元の事務所との関係の問題もあることから、自身の人脈をつくり上げることに集中するべきでしょう。

Fukazawa's Answer

「そりゃあ、正しいけれどね」というのが答えではないかと思います。

まず、リピートでいうと、個人のリピートは、基本的に期待できません。ないわけではありませんが、個人の方が一生に何度も弁護士を使う、ということは滅多にないと思います。

一方で、会社についていえば、それなりにリピートをしてもらえるという印象があります。

ただ、これも、会社のカラーによるもので、法律問題について「予防」するという発想がほとんどない会社の場合、いわば「手遅れ」の事件ばかりとなり、受任しづらくなります。逆にある程度、遵法意識のある会社こそリピートしやすい、ということになろうかと思います。

従前は、弁護士の数も少なかったですし、そもそも広告が禁じられていましたから、弁護士を探すには弁護士会に問い合わせるか、さもなくば紹介しか手段がありませんでした。リピートしてもらえる、紹介してもらえる、ということ自体が有力な広告手段でした。ですが、今は弁護士の数も多いですし、紹介を得なくてもインターネットで検索できる、いわば「インターネットから紹介してもらえる」という状態です。

もちろん、紹介案件には、一見の依頼者のようなリスクは少ないでしょうし、信頼関係を築きやすいので、なるべくなら獲得を目指すべきです。

ただ、現在の弁護士業界の現状に鑑みるに、あまりリピーター、紹介を当てにするべきではないと思います。

イソ弁であるか、ボス・パートナーであるかの違いについてですが、事務所の体制によっては、イソ弁であるとリピート、紹介を得られにくいということはあるでしょう。個人受任の制限があればもちろん、そうでなくても最近の事務所の中には、ボス・パートナーが依頼者との面談や打合せを集中的に担当し、イソ弁がなかなか表に出られない、黒子的地位にとどまるという業態もあるやに聞いています。そうなると、紹介してもらうどころか、知ってもらうことも難しくなってしまいます。

一方、**逆に増えているであろう類型は、依頼者からではなくて、弁護士からの紹介だと思います**。今日、SNSが非常に普及しており、市民と弁護士だけではなく、弁護士同士の交流も活発になりました。やや専門的なケースについて、他の弁護士から紹介を受けるというケースは、今後増えていくのではないでしょうか。

なお、私の所属する第二東京弁護士会では、高齢の先生から若手の先生に事件を紹介する、あるいは専門分野について精通した弁護士を融通するなどの仕組みがつくられつつあり、今後の活用が期待されています。

Mukouhara's Answer　「誠実に仕事をしていれば……」という点は、正しいと思っています。私のように紹介が中心の場合は、口コミが重要であり、「安心して紹介できる」ということが紹介を受けるうえで大切なので、その点で**「誠実に仕事をする」というのは、最低限の要素**だからです。

これは、イソ弁の場合も、ボス・パートナーの場合も同じだと思います。イソ弁も、誠実に仕事をすることで、依頼者の信頼を勝ち得ることはあるからです。

① 仕事を集めるコツ

04

「どのような事件を専門にやっているか」とよく聞かれるが、自信がなくても専門分野があるように答える方が、相手に信頼感を与えるのか？

Kita's Answer

そもそも専門とは何かという話になってしまいますが、本当に専門特化している弁護士はともかくとして、ほとんどの弁護士はある程度はオールラウンダーにならざるを得ません。そのため、専門を聞かれた場合でも、比較的多く扱っている事件を回答する（「……を多く扱っています」）とか、「こういう事件が好きです」、「興味があります」といった回答でよいのではないかと思います。全く扱ったことがない案件を得意であると明示するような明確に虚偽である場合は別として、回答については相手を見て変えてしまってもいいのではないでしょうか。企業経営者と話をしているときに（それが実際に専門である場合は別として）「労働者側の労働事件が専門です」と答える必要性はないのではないかと思います。

ただ、**そもそも顧客が弁護士を専門性でどの程度選んでいるのかについては、個人的には疑問があります**。小規模の会社に対しては経営者とフィーリングが合うかの方が仕事の獲得については有効な気がしています。専門性でついた客はより専門性のある人が現れた場合、離れていってしまう可能性がありますが、人についた客はその人はほかに存在しない以上そう簡単に離れません。

Tabata's Answer

専門性とはいわないまでも、ある程度得意なジャンルをつくれるのなら、「不動産案件が得意分野ですが、ほかもやりますよ。これしかできませんじゃやっていられませんから」というように「**オールラウンダー＋専門分野」というアピール**はできそうです。

そうではなく本当になんでも屋でとりあえず事務所を出したばかり、という場合はむやみにハッタリを利かせるのもどうかという気がします。特に地元の企業など、長い付き合いになりそうなところに対して、変に自分を大きく見せようとすると、バレたときに信頼の破壊につながるかもしれません。「実はまだ事務所を出したばかりで、今はなんでもいただいた仕事を必死でやっています。ただ一通りは修行してきているので、こういう仕事なら間違いなくできると思います……」という程度の説明をした方が「若い頑張っている弁護士」として受け入れてもらえるように感じます。

ともかく、特に経営者である依頼者は独立直後の弁護士を「この若い人はどうかな？」という視点から見ていることは意識しておく必要があると思います。法律知識では当然弁護士が勝っているとしても、駆け引きやハッタリを見抜くことに関しては、歴戦の会社経営者なんて若手弁護士の及ぶところではありません。ものには言い方があるというのも一面の真実ですが、本質的にはうまくやることより真摯な態度で信頼関係を築くことをお勧めします。

Fukazawa's Answer

そもそも弁護士は法律事務全般の「専門」であり、その専門家が重点的に取り扱う分野をもっているのであれば、それはもう「専門」と名乗っても悪いことではないと思います。

あえて、偉そうな（！）ことをいえば、聞かれて自信がなさそうに答えるよりは、むしろ聞かれても大丈夫なように、日々の研さんを積んでおくことが大事でしょう。

日弁連の見解では、弁護士が、弁護士業務広告において「専門」を名乗ることは、差し控えるべきであるとされています（面談の際に名乗ることについては、ここでは規制していません）。ただ、現実問題として、専門を名乗る広告が横行しており、相談者も「専門弁護士があふれているのだから、この弁護士の専門はなんなのだろうか」と気になっているであろうことは、想像に難くありません。

そこで、答え方ですが、以上のような弁護士業界における「専門」と名乗ることについての「謙抑的」な考えを紹介し、「そういうわけで、私はあえて強く専門と名乗ってはいませんが、重点的に取り扱っているのは○○です」という程度に答えるのが、信頼を得やすいのではないかと思います。

また、マチ弁についても同様のことがいえるでしょう。ただ、事件の種類の幅が広く、「○○事件について特にたくさん扱っている」といえるほど、事件の種類に偏りがないという場合も多いと思います。そうであれば、発想を変えて、例えば、市民が依頼者の事件、消費者が依頼者の事件、地元の中小企業が依頼者の事件と、**依頼者の属性に注目して、「特に○○という方からのご依頼を多くいただいています」というような言い方**はあるかと思います。

こういう質問には、謙抑的に答えたくなりがちですが、それは仕方がありません。むしろ誠実なことでそれ自体は悪くありません。ですから「自信がなさそう」と思われない程度に話す、特に弁護士業界における「専門」の意味について簡単に紹介すれば、謙抑的に話しても相手の不安は払拭できると思います。

Mukouhara's Answer　難しいところですが、一般的には、「（相手の求める）専門分野に精通しています」と答えるのがベストなのだと思います。

しかし、自分は「**企業法務から離婚まで、なんでも一通り経験してきた」ことを伝えます**。その上で、「専門というのはあるかもしれないが、おっしゃる分野は、弁護士であればおよそ経験するものであって、その中で、他の分野の経験が生きることでよりよい仕事ができるものです」と付け加えて答えることがあります。

ですから、必ずしも「（相手の求める）専門分野に精通しています」と答えなかったからといって、「専門」を名乗る他の弁護士のところに依頼者が傾いた、ということは、あまりないと感じています。

他士業としての登録は、依頼者紹介を狙うために有効か？

Fukazawa's Answer それほど有効ではないと思います。

前提ですが、司法書士については、弁護士資格では登録できないので、注意が必要です（司法書士法４条）。

さて、純粋な業務範囲の点からすれば、弁護士は法律事務一般について無制限の資格としてこれを行うことができます（弁護士法３条１項）ので、この点に限っていえば、他士業登録にはメリットがありません。

次に、連携や紹介を狙えるというメリットがあるかについてですが、一般的には、それほどないのではないかと思います。

というのも、他士業の先生もまた、「他士業」と連携したいのですから、例えば税理士の先生が、連携する弁護士を探す際に、自分と同士業である税理士登録をした弁護士を特別に見る可能性はあまりないと思います。

ただ、せっかく登録できるのですから、メリットがあれば登録したいところです。ここは逆に考えて、「仕事を狙って登録をする」というより、その種の仕事が増えてきたら、**「専門性を明らかにするために登録する」という方法はあり得る**でしょう。

弁護士は現状、「専門」表示については厳しい規制下にあります。ですが、登録している他士業の肩書きを表示することには問題がありません。「税務専門弁護士　某」とウェブサイトに掲載することには問題があるでしょうが、「弁護士　税理士　某」と表示することには問題はありません。ですから、「合法的」に専門性をアピールする方法としては、大いにありだと思います。

２ 受任ルートと事件類型

Q06 独立後、受任ルートはどのように変化したか？どの程度のペースで事件数は増加したか？

Kita's Answer　独立直前は依頼のほとんどが法テラス案件であり、事件のルートも法テラスの法律相談がほとんどでした。たまに既存顧客からの紹介があっても、その事件も法テラスの対象事件になるという状態でした。

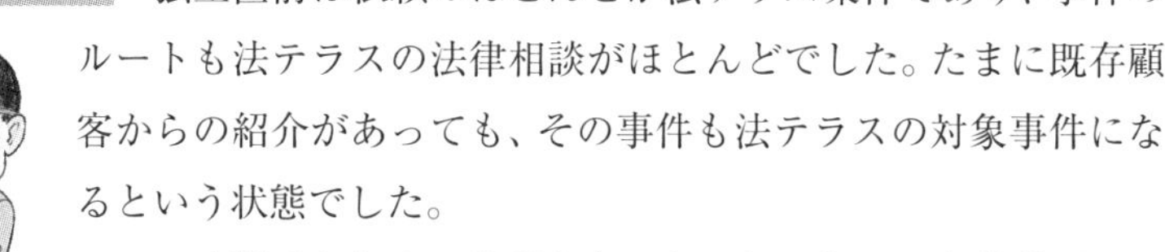

この時期はきわめて薄利多売であったことから事件数だけはきわめて多く、事務所全体の事件数で考えても、弁護士が増えた現在とほとんど変わらないのではないかと思います。

その後、基本的には法テラス案件を受任しないことに決め、一時的に事件数が激減しました。そこで、紹介を得るべく交流会等に参加していったところ、８か月程度で継続的な赤字は免れるようになりました。

現在では、他士業の先生方や既存の顧客およびその友人の方々からの紹介が主となっています。

もっとも、**現在でも顧問料より単発の事件の売上げの方が圧倒的に多いことから、売上げが安定しているとはとてもいえない**と思っています。

Tabata's Answer　１年目の受任ルートについては、大まかに法テラス相談2.5割、弁護士会の相談2.5割、ウェブや飛び込みでの集客４割、紹介１割というところでした。

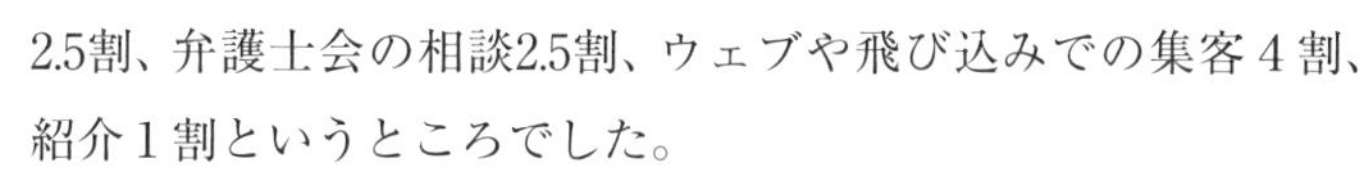

私が取り組んだのは「**法テラスへの依存を少なくする**」ことで、積極的に法テラスを使ってでもお手伝いしたい事件以外は受任しないように気を付けました。結果、法テラスの援助を利用している案件の現在の売上げは、全体の１割程度まで低減しています。弁護士会の相談は、当初強力なルートだったのですが、ここ数年間で弁護士会の相談センターへの来客は激減し、おまけにその枠を欲しがる若手が増えたため、相談でよ

い事件を受任できる可能性は相当低くなっています。やはり現在は１割程度でしょうか。ウェブや飛び込みについては、溝の口地域を独占していた頃に比べると何か所か事務所ができて難儀していますが、数字としては維持しており、全体の売上げ増加を考えると2.5割程度あります。残り5.5割については顧問先からの売上げや、紹介による売上げです。

まとめると、弁護士会から配点される相談からの売上げが徐々に減少し、紹介案件が増えて独立後３年程度で売上げが２倍程度になり一度ピークに近いところに達し、そこからは維持に近い微増というのが独立後５年たった現状です。そうなると仕事が少なかった時期があるわけではないのですが、２～３年前、売上げが伸びず、事務所の規模だけが大きくなって投資がかさんだ時期はあります。

Fukazawa's Answer 最初はインターネット、今はインターネットと紹介の両方が主な受任ルートです。

独立当初はほとんどがインターネット経由であり、かつ単価の安い、見通しが難しいものが非常に多かったという印象です。

仕事の分量ですが、売上げはともかく、最初から相当の事件数があり、開業準備期間を除けば、仕事が特別少なかった時期は思い当たりません。

事件の分量としては、一貫して増えるということはなくて、むしろ、常に増減がある、分野が変わっていく、という感じでした。

分量よりも内容の変化が大きく、インターネットから「インターネット＋紹介」になり、事件内容も、個人だけから、個人と企業や各種法人というように広がっていきました。

インターネットを集客の軸に置いている場合、競争の問題はありますが、それを除けば**受任件数が一貫して増える、減る、ということはないのではないか**と思います。むしろ、独立後、事件を処理していく中で、過去の依頼者等、事件処理の過程で知り合った人たちからの紹介も増えていくことになると思います。そうすると、総量が大きく増えるというより「構成が変化する」といった方がより正確でしょう。

２ 受任ルートと事件類型

07 事件の種類と割合は？　法テラス、国選はあるか？

Tabata's Answer　**事件の種類は雑多**です。件数でいえば少し多めの不動産案件が２割、離婚1.5割、遺産相続1.5割、交通事故1.5割、破産・債務整理1.5割、その他２割という感じでしょうか。紹介案件については中小企業の経営者やその知人というのが一番多い層なのですが、事件の種類については全く絞れず、相談されたらなんでも受ける、という感覚に近いです。

刑事については、国選は事務所としてはほとんど行っていません（イソ弁の個人事件としてはあります。また自分でも手続きを忘れないように、たまに受任することもあります）。法テラスについては積極的には受けないものの、事情により利用することはあります。

Fukazawa's Answer　時期によって異なりますし、かなり大ざっぱな見立てですが、個人関係が３割、会社関係が２割、顧問関係が３割、刑事が２割という感じであり、現状、法テラスと国選の手持ちは一切ありません。

個人関係も会社関係も、半数以上はIT関係ですが、顧問関係はむしろ製造業や建設業などIT企業ではない会社の方が多いです。刑事事件は、通常の刑法犯もあれば、サイバー犯罪もあります。

国選については登録しているのですが、ここ数年は、待機日にも割り当てがあったことがありません。

法テラスの民事法律扶助については、ごく初期に扱ったことはあるのですが、報酬の安さというよりも手続きの煩雑さから、肝心要の依頼者のための事件処理に時間を充てることが難しく、最近では取り扱っていません。自分にとって限られた時間であれば、その時間は法テラスへの報告や事務作業ではなく、依頼者のために費やした方が合理的ではないかと考えるからです。

受任ルート別ですが、インターネット経由では、個人も会社もどちらもありますが、ITや刑事など、私の重点取扱分野が大多数を占めます。

一方で、紹介などのルートでは、ITは少数派で、それこそ「なんでも」来るという感触です。

これらの事情からわかるのは、**インターネットという手段は、自分の重点取扱分野について事件を獲得するのに向いている**ということ、逆に、独立開業後しばらくして増えてくるであろう紹介ルートからの依頼に対応するためには、幅広いスキルが必要になる、ということだと思います。

Mukouhara's Answer 顧客層は、**法人：個人で5：5**です。

事件種類は、損害賠償請求事件（請求側・被請求側いずれもあります）、労働事件（会社側・労働者側いずれもあります）、社内トラブル、顧問業務（相談、契約書作成、意見書作成など）が多く、交通事故、債務整理事件、家事事件もそこそこあります。

なお、法テラスとの民事法律扶助契約はとりやめました。さらに、国選もやめています。これは、法テラスの考え方や仕事の進め方、弁護士に対する対応等で私の弁護士としての仕事観に合わないことからです。

2 受任ルートと事件類型

一見客の割合は？　一見客はウェブ経由が多いのか？

08

Tabata's Answer　今は各種相談や裁判所からの配点事件なども含めて件数では**５割ほどが一見、残り５割が紹介**です。ただし規模が大きい事件は紹介が多いため、売上げベースでいえば一見４：紹介６くらいにはなっていそうです。

一見のお客様はウェブがまだそれなりに多いです。

ウェブは貴重な受任ルートなのですが、もちろんお客様の客単価としては紹介の方が平均的には高い（あくまで平均です）ので、紹介がメインになるように努力は続けています。実情としても、紹介は安定的に増え、ウェブは減少しています。特に競合が少ない地域でウェブ広告を出すと、開業当初の私のようにかなり効果的な集客ができたりしますが、同じようなホームページをつくる事務所があれば単純計算で集客が半分になってしまうという水物です。

Noda's Answer　現在、一見の依頼者は**半数弱**だと思います。無制限に受け入れればより比率は高くなると思いますが、現状、相談・受任の件数をセーブしているため、半数弱です。受任ルートとしてウェブもありますが、圧倒的多数は既存の依頼者の紹介や関係機関の教示によります。

Fukazawa's Answer　正確に数えたわけではありませんが、独立当初の一見客の割合は９割超、１年くらいたった頃には、６、７割くらいになり、今では４割程度だと思います。

受任ルートは、当初はウェブが圧倒的で、今でも相当割合を占めています。

ただ、独立後しばらく（1年弱くらい）すると、過去にウェブ経由で事件を依頼された方から、再度の依頼や他の依頼者を紹介される、というパターンが増えてきました。

最初からウェブ集客に力を入れていた場合はもちろん、そうではない場合でも、独立後事件を処理していくに従い、**「過去の依頼者」は増えることはあっても減ることはない**わけですから、同じような経過をたどることになるだろうと思います。

紹介にしろ、ウェブ経由の依頼にせよ、いずれも絶対に安定して受任を続けるということは難しいので、「どちらかに絞る」ことは考えない方がよいでしょう。また、バランスをとろうと思っても、そもそもコントロールすること自体が難しいかと思います。

過去の依頼者から紹介を受けるコツとしては、受任した事件の分野以外にも、自分が専門的、重点的に取り扱っている分野があればそれを伝えておく、アフターフォロー（数か月後に「変わりがないか」などの確認）をする、などの方法があります。

2 受任ルートと事件類型

Q09 地域密着型の事務所で、飛び込みの相談はあるか？飛び込みの増やし方とは？

Tabata's Answer 飛び込みの相談は相当数あります。飛び込みの増やし方は、①**ともかく事務所に気づいてもらう**こと、②**相談しやすいと思ってもらう**ことです。

①については、事務所の位置から、看板、タウン誌といったものまでそのツールや媒体はさまざまです。しかしながら、最大ツールはホームページになると思います。アクセス数を増やすため、いろいろ工夫をしてみてください。②についても、ホームページの担う部分が大きいと思います。無料相談があることの告知などはもちろん重要ですし、どのような分野に対応しているのか、弁護士のプロフィール、写真もあった方がよいでしょう。費用も明確な方がよさそうです。これらは、人生で初めて弁護士に相談するであろう相談者の立場から見れば当然ともいえるでしょう。

ただ１点、飛び込みが増えればよいというものでもなく、「ハードルを下げすぎる」ことのデメリットもあります。区役所など行政の相談を担当される弁護士の方だとご存じかもしれませんが、ハードルが低いこと（無料であることが大きいです）は「大した問題ではないが、とりあえずタダだし弁護士に話だけ聞いておこう」という相談者を増やしてしまうのです。相談がすべて事件につながる必要はないと思いますし、地域のためなら相談で問題が解決することもそれはそれでよいことです。しかし、明らかに弁護士を下に見て暇つぶしのように相談を使われたり、予約をすっぽかされることについてはやはり警戒も必要です。飛び込みを増やす際は、そうしたマイナスの事情についても対応を考え、「こういうときにはこうする（例えば一度ドタキャンした相談者の無料相談には応じないなど）」という断固たるルールはつくっておいた方がよいというのが私の経験則です。

Noda's Answer　飛び込みの相談は一定数あります。予約なしでいきなりの来所というまさに飛び込みの相談もあります。

飛び込みの相談を増やす方法としては、人通りの多い目立つ場所に広告・看板などを設置することに尽きますが、**一般論としては飛び込みの相談を増やすべきではありません**。

顧客の選別を図ることができないことから、よほど特殊な立地でない限り、収益効率を低下させることになると思います。

2 受任ルートと事件類型

Q10 企業への営業で、典型的ではないが、お勧めの方法は？

Tabata's Answer　支店を設立した際に**飛び込み営業**はしてみました。対象は支店周辺の不動産業者と他士業です。結果は、相談のきっかけになったものもありましたが、大きな効果はなかったという印象です。相手にもよるのでしょうが、概して「わざわざ来てくれてすみませんねぇ」という好意的な反応が多い一方、「今は弁護士も大変なんだねぇ、ふーん」という反応もありました。みんな「偉そうにしている弁護士」が嫌いな割には、偉そうにしていない弁護士を偉そうにしている弁護士より下だと見なすのでしょうか。

ただ、弁護士自身のスキルとして、知らない会社に菓子折りを持っていって話し続ける、ということ自体は訓練として役に立つと思います。また、私の知っている士業から、後々になって「あの先生は独立したときにわざわざうちに飛び込みで挨拶に来てくれたからさ、そういう先生をむげにはできないよ」という話も聞きました。

これを読んで「やっぱり飛び込みなんか考えられない」という方がいたとしたら、営業効果そのものというより、営業する際の姿勢を身につけるために飛び込み営業をやってみることをお勧めできるかもしれません。

Q11 法テラスの受任を常時100件分獲得していた具体的な方法は？

Kita's Answer 私が法テラスを中心にやっていた時代は、そもそも法テラスを担当したがる弁護士が少なく、法テラスは常に人材不足であり、加えて現場の事務スタッフの権限が強い状態にありました。

そのため、法テラスでの法律相談を担当する際に、空き時間には事務スタッフの方々と雑談をするようにして、その中の話として、①自分が最近ノキ弁というものになったこと、②仕事を募集中であることの２点を伝えていました。

すると、当時の法テラスは法律相談担当の欠員が出ることが多かったことから、その際に欠員の代わりに相談担当をやってほしい旨の連絡が数多くあり、最大で週３回ほど法律相談の担当をすることがありました。当時は法テラスに法律相談に来る方もかなりの数がいたことから、週３回も法律相談に入るとそれだけでかなりの件数の事件を受任することになりました。

また、スタッフ弁護士が地方に赴任する際には、それまで担当していた事件を他のスタッフ弁護士に引き継いでから行くのですが、当時のスタッフ弁護士は誰も彼も大量の事件を担当しており、ある程度以上の件数の引継ぎが困難な状態にありました。そうすると、彼らが引継ぎをできなかった事件の引継ぎを依頼されることがあり、その結果として件数が増大していきました。

もっとも、**結論としては、当時は事件数を抱えすぎたと思っています**。件数が増えすぎるとどうしてもクオリティに影響が出かねませんから、件数はほどほどにしておくべきでしょう。

2 受任ルートと事件類型

Q12 紹介者案件で他地域の法テラス利用者の事件について、どう対応しているか？

Kita's Answer

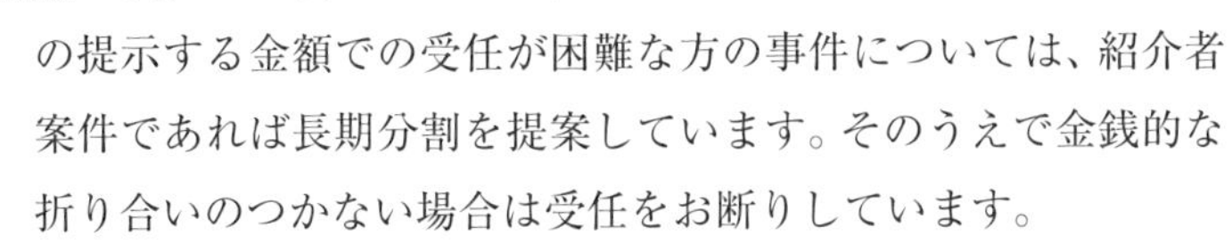

現在では法テラスとの契約をしていないことから、こちらの提示する金額での受任が困難な方の事件については、紹介者案件であれば長期分割を提案しています。そのうえで金銭的な折り合いのつかない場合は受任をお断りしています。

もっとも、法テラス案件を中心に受任していた時代においては、他地域であっても法テラスを利用して受任していました。その際は、その地域の法テラスに申請をしていました。

法テラス自体は、他地域であることを理由として援助を拒むことはほとんどないかと思います。しかしながら、**他地域の法テラスを利用してまでその事件を自分が受任する必要があるのか**については、考えてみる必要があるのではないかと思います。

LACに登録しているか？

13

Tabata's Answer 登録しています。細かいとはいえ、LAC（日弁連リーガル・アクセス・センター）は神奈川県では侮れない収入源になると考えています。すなわち、LACはタイムチャージでの受任が可能ですが、細かい物損でもタイムチャージ２万円で受任でき、きちんと解決すれば、10時間でも20万円、20時間なら40万円の売上げになります。

移動時間のチャージも出ますから、独立したてのときに来る割の悪い事件に比べれば、はるかに収入の見込みが立てやすい案件だと私は考えています。現時点でも持ち込みを含め弁護士費用特約を使った交通事故を４件ほど受任中です。

東京ではそれほど事件が来ないのかもしれませんし、全体の売上げからすれば確かに大きな事件とはいえませんが、**収益が確実に計算できる**LACに登録しない理由はないと考えます。

2 受任ルートと事件類型

14 弁護団系の事件は、やはり独立後は参加が難しいのか？

Tabata's Answer　私は独立後も消費者関係の弁護団数件と、原発被害者の弁護団に所属していました。今は時間がとれないのであまりやっていません。時間がとられるという点を除けば、**独立すると弁護団の事件ができないという相関関係はない**ように思えますし、独立して弁護団の事件を手がけている方も大勢います。

逆にいえば、なぜ独立後できないことが事務所に所属しているとできるのでしょうか？　それが「コスト的に割に合わない事件はイソ弁ないしノキ弁としてならやれるけれど、経営者としてはできない」という趣旨なのだとすると、ちょっと自己中心的すぎる考え方ではないかという気もします。

どうも本質問は、ワーク・ライフ・バランスの問題として考えた方がよさそうです。本書には経営効率をよくする方向の経験やアドバイスを掲載していますが、経営するというのは「収益を最大化する」ことではありません。「収益を最大化しようがしまいが経営者の勝手（被用者に対する責任はありますが）」であり、収益性の悪い弁護団の事件の会議に延々出席することも経営者の判断です。参加したければしてください、というと突き放しているようですが、経営者として事務所の「収益性」にとらわれすぎることもまた危険なのです。睡眠時間を削って、家族とも過ごさず、友人とも会わず、ひたすら弁護士業に励んで預金を増やす（あるいは意義のある仕事をこなす）というのを突き詰めるべきか、という点は、仕事をしようとすればシームレスに仕事の時間が続く、オンとオフの曖昧な経営者弁護士にとってなんらかの基準があるべきでしょう。「ワーク・ライフ・バランス」というと１日８時間程度しか働かない人のライフスタイルのようですが、世捨て人でない限りワーク・ライフ・バランスは存在します。すなわち１日12時間働くバランスも、15時間働くバランスも、それはそれでバランスをとった結果なのだと思いますし、そのバランスを自分の意思で決められず「自分に働かされている」経営者がいるとすれば、その人生が幸福だとは思えません。そういう意味で、弁護団系の事件も参加したければ参加するべきなのです。

ただ、これは弁護士としての仕事（＝ワーク）ではあっても、経営上の「ワーク」として考えるべきではありません。弁護団案件はごく一部の事件を除いて金銭的にペイすることはありませんし、ボランティアとして勤務時間外で頑張る、と考えて取り組むことになろうかと思います。

なお、あなたが独立間もないということで十分力を割けないだろうから参加させることはできないという弁護団があるのだとすれば、そんな了見の狭い連中のやっている案件を選んで参加する必要もないでしょう。いくらでも人手の足りない弁護団はあります。

3 顧問契約獲得のコツ

顧問先の必要性とは？ また、顧問先の開拓方法とは？

Kita's Answer

顧問先は必要かどうかについては、その人の戦略によると思います。顧問先はその契約内容にもよりますが、基本的には単発案件に比べてかなりのサービスを提供することになりますので、単独で考えた場合（その値段設定にもよりますが）、個別の事件よりも費用対効果としては劣るということが往々にしてあります。

そのため、定期的にある程度の規模の単発案件が見込める状況にある場合、顧問業務に用いる時間を単発案件に用いた方がトータルでの収入は大きくなるということも十分に起こり得ます。

しかしながら、そこまで安定的に単発案件を得ることはそれほど容易ではないことや、単発案件についても顧問先やその周辺から依頼が来ることが珍しくないことからすれば、事務所経営の安定化のためには顧問先があった方がよいとは思います。**ある程度の売上げが見込めるということは、法律事務所の経営を考えるにあたりかなりのアドバンテージ**になります。

なお、私の顧問先については、当初はほぼ他士業の先生方からの紹介でしたが、最近は既存顧客からの紹介が増えています。

Fukazawa's Answer

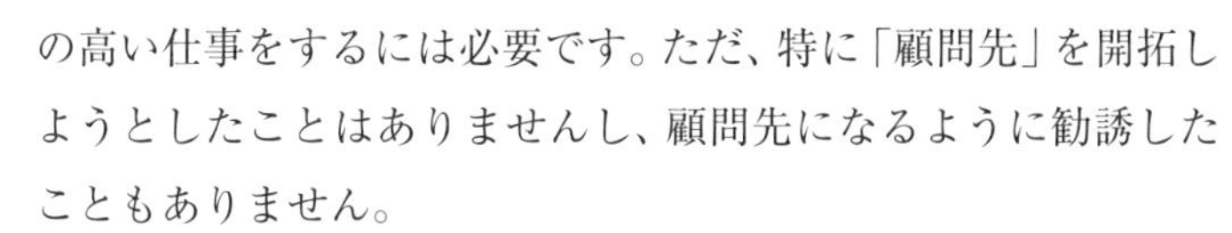

顧問先は、収入面を度外視しても、よりクオリティの高い仕事をするには必要です。ただ、特に「顧問先」を開拓しようとしたことはありませんし、顧問先になるように勧誘したこともありません。

まず、顧問先の必要性についてですが、収入面を別にして必要です。顧問先からは、日常、いろいろな相談を受けます。また、その会社でのなんらかのイベントに誘われたりもします。この中で、その業界、業態の業務フロー、業界慣習、よくある法律問題とその対策といった、企業法務において必須のスキルを身につけることができます。

顧問先ができる、というと、皆さん顧問料収入のことばかり思い浮かべるかもしれません。確かにそれは大事なことなのですが、日常的に相談してもらえる、あるいは「こんなことはないか」などと顧問先に提案ができるというのは、弁護士としてのスキル向上というメリットも非常に大きいです。

次に、顧問先の開拓方法ですが、最初に述べたように、特に顧問先を獲得するためだけの行動というのはとっていません。むしろ「これをすれば顧問先が開拓できる」という方法があれば、こちらが聞きたいくらいです（！）。

現在の顧問先は、そのほぼすべてが、以前の依頼者です。今まで顧問弁護士のいなかった会社もあれば、別の顧問弁護士から「乗り換え」をされた会社もあります。

顧問先の開拓は「さあ、開拓するぞ」という気持ちでやるより、**事件処理の中でどこまで自分の顧問弁護士としての価値を提案できるか**、にかかっていると思います。

具体的なコツはいくつかありますが、第１は、レスポンスを速くすることです。すでに顧問弁護士がいるものの、そのレスポンスに不満を感じている会社は多いので、この点はとても大事です。メールや電話の折り返しはすぐにしましょう。また、検討に時間がかかる（おおむね24時間以上）のであれば、「時間がかかる」連絡だけでも、すぐにしましょう。当然ですが、土日祝日も対応できるのが理想です。

第２に、とにかくペーパー、メール、ファクシミリの作成（送信）を心がけることです。会社の場合、弁護士に相談する担当者と、その報告を受けて「決定」する者とが違うことも珍しくありません。そうすると、弁護士から担当者へ、担当者から決裁者へと、伝言ゲームが発生します。弁護士との相談内容をメモにとるというのは、とても大変な作業です。ですから、できれば相談時に、あるいは相談後速やかに、文字で「回答」を出しておくのが理想です。これはペーパーでもよいですし、メールやファクシミリでも構いません。

Mukouhara's Answer　顧問先は、経営の安定という意味でも、また視野を広げるという意味でも、ある方がよいと考えています。

弁護士の仕事をしていると、どうしても発想が「法律」側に寄ってしまいます。そういう仕事ですから当然なのですが、ただ**法律というのは、社会の一側面にすぎず、それがすべてという発想に陥ってはならない**と思っています（とはいえ、コンプライアンスの問題があるので、法律を無視することは当然できませんが……）。

なお、顧問先の開拓ルートはさまざまで、紹介による場合もあれば、異業種交流会で知り合った方であったりする場合もあります。

顧問弁護士をつけることのメリットは、どう示せばよいか？

Noda's Answer　個別具体的な相談や事務の発生の有無にかかわらず一定の報酬を受けることになるので、**一般の相談者にはしないが顧問先だけにはするサービスとして何があるかを考える**ことになります。単に一定の相談を無料とするだけでは足りないでしょう。それならば、固定の顧問料よりも相談料の方が安い事例が出てきます。このような観点から、いくつかの事務所がそれぞれに工夫をしています。以下に例を挙げますが、必ずしもその採用を勧めるものではありません。

①　書式その他の提供

契約締結時に顧問先の契約書類等を全体的に見直す例があります。継続的な囲い込みに効果があると思われます。

②　遠隔相談

多くの事務所では来所による相談を原則としていますが、電話・メール・その他の通信手段による相談を可能にすることが考えられます。

③　定期的な出張相談

決まった頻度で顧問先に出張して相談することにより、軽微な事項に関する相談が可能となるほか、顧問先の種々の事情を把握する継続的かつ包括的な関係自体がメリットとなります。

④　従業員の福利厚生としての相談無料化

顧問先の従業員の福利厚生という名目で、従業員の相談を無償で受けることをうたっている例があります。

⑤　相談・依頼の金券化

顧問料を有効期間のある金券のように扱って相談ごとに消費する形とし、相談がなければその後の依頼事件の着手金に充当することを可能とする例があります。

③ 顧問契約獲得のコツ

Q17 中小企業に対して、月々の顧問料支払いに納得してもらうための有効な説明はあるか？

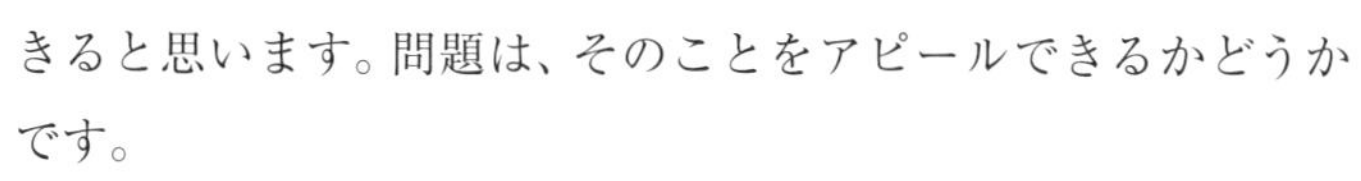

Fukazawa's Answer　完全にとはいいませんが、顧問料分は十分にペイできると思います。問題は、そのことをアピールできるかどうかです。

まず、よほど予防法務を重視し、理解がある会社でもない限り、トラブルが発生してから弁護士に相談をし、依頼をします。ところが、労働問題であれば、そもそも使用者である会社が、予防法務の観点を取り入れて十分な労務管理をしていない限りは、問題になった時点で勝ち目はあまりないというのが現状です。これは会社に限ったことではないのですが、他の類型の事件でも、「正しい（少なくとも自分はそう思っている）自分の要求が通らないわけがない」と考え、ギリギリまで弁護士に相談せず、相談時点では取り返しがつかないところまで来ている、ということがしばしばあります。

そういうケースでは、**「裁判所に真実どおりに事実認定をしてもらうには準備が必要」**、「『正しい』だけでは自分の要求は通らないし、裁判にも勝てない」、「債務名義を取得しても執行は難しい」というような実情を懇切丁寧に説明します。そのうえで「この事件にはそういう困難性はあるが全力を尽くします。ただし、これからは、むしろ事前に相談してもらった方が、費用も安く、結果もよくなります」と説明し、「予防」がいかに大事か、ということを理解してもらうのに努めます。

中小企業は、顧問弁護士が不要であると考えているのではなく、費用対効果を疑問に思っているだけなのです。ですが、日本の裁判制度、特に執行法制の実情を理解してもらえれば、トラブルになる前に予防する、解決することが、いかに費用対効果の面で望ましいかは、理解してもらえます。あとは「顧問弁護士をつけることが、どれだけ予防法務に効用があるか」さえアピールできれば、顧問契約まではそう遠くないと思います。

より具体的な顧問契約後の付加サービスの案内として、従業員向けの研修や契約交渉、立会いなどをする、事件依頼についても多くを着手金不要にするなど、これは経営方針次第ですが、いろいろアピールのしどころはあると思います。

最後に、やや質問から離れますが、注意してほしい点があります。独立間もない時期によくあったのですが、「顧問契約を考えている。打合せをしたい」といって実質的に無料での相談を要求してくる会社があります。さらに「顧問契約を考えているので、この事件は安く受けてほしい」、「会社まで来てプレゼンしてほしい」とまで要求する会社もあります。

私の経験上ですが、このような会社は、実際に顧問契約を依頼することなどまずありません（特に、現在、顧問弁護士のいない会社は、そうです）。不当に値切られたり、トラブルに巻き込まれたりしかねませんので、こういう申出に対しては、距離を置くとよいでしょう。

③ 顧問契約獲得のコツ

Q18 顧問先は、もともと別の弁護士と契約していた会社か、または初めて顧問契約をする会社か？後者と契約するコツはあるか？

Fukazawa's Answer　両方あります。前者の方が多いですし、前者は「乗り換え」のケースもあれば「追加」のケースもあります。

基本的に、顧問契約に至るには、能力はもちろん、「相性」も重要です。ですから、契約に至るまでは難しいでしょうが、逆に、一度契約をすると、なかなか「乗り換え」は考えにくいのではないかと思います。特に、顧問弁護士としての相談や事件処理等の業務を通じて、顧問先の業務や業界慣行、社風にも通じていきますので、そう簡単にそれに匹敵する弁護士を見つけられなくなる、というのも理由でしょう。

逆に、顧問契約を得ようと思ったら、今まで顧問契約をしていない会社に顧問契約の価値を理解してもらうという、かなり大変な作業が必要です。

コツとしては、やはりレスポンスを速くすること、選択肢を複数用意して、経営者の経済的利益や「気持ち」の問題にも配慮することが大事です。ただ、これだけでは、「事件は依頼してもらえるが、顧問は難しい」ということになりますので、さらに工夫が必要です。これらに加えて、法務コスト、リスクというのは「予防法務をきちんと行うことで劇的に下げることができる」ということ、「毎月の顧問料はむしろ安い」ということをわかってもらうことが大事です。

なお、すでに顧問契約をしている会社というのは、歴史が長い、弁護士とも付き合いが長いケースがほとんどです。そうなると、顧問弁護士もかなりのベテラン弁護士が多く、中にはレスポンスのスピードがあまり速くない弁護士であったりして、会社が不満を持っているケースもあります。このようなケースでは、とにかくレスポンスを速く、的確に回答をすることが、「乗り換え」をしてもらう最大のコツだと思います。本章Q19で述べるとおり、「回答」という仕事は顧問業務の中心です。

19 顧問業務のうち、代表的な業務・相談分野とは？

Kita's Answer 代表的な業務としては、契約書の確認および新規ビジネス（または既存ビジネス）の適法性チェックです。そのほかに多いものとしては労働問題がありますが、顧問先ごとに弁護士（私）の使用方法は相当に異なっており、債権回収を中心的な業務としているところもあれば、利用規約の作成を中心としているところもあります。また、どちらかといえば経営的な相談を中心としている会社もあります。

個人的な考えですが、中小企業においては社長がいかに実働できるかが肝であることから、**その会社（というか経営者）にとって、対応が面倒だと考えている部分を弁護士としていかに引き取れるか**が、顧問契約の意味ではないかと思っています。

Tabata's Answer 分野にかかわらずどの業種でも多いのが、**労働問題**ではないでしょうか。もちろん契約書のチェックなども必ず出てくる業務ではありますが、やはりトラブルの中で最も多いのは人間関係です。そして人間関係は、職場では労使問題として発生することが多いのです。退職や転職、セクハラ、パワハラなどはどの分野の会社でも問題になります。

あとは債権回収なども業種にかかわらず問題になることがあります。

Noda's Answer　顧問弁護士といっても、弁護士ごとにかなり業務分野が異なるように思います。もっとも一般的なのは企業の顧問弁護士でしょう。私の場合、企業についての一般的な顧問業務は、契約書のレビュー、総会対策、債権回収、紛争対応が主要な分野です。日常業務は何もないという古典的な顧問先はなく、基本的に一定の実働が発生しています。ベテランの弁護士が顧問を務める会社に若手が食い込んでいくには、基本的にこのようなスタンスであるべきでしょう。

やや特殊な類型として、私は複数の自治体の顧問先があります。多くの自治体は顧問をもっていますが、特に地方の中都市から小都市の場合、遠方の弁護士が顧問であることも多く、ここに若手が参入する余地があります。遠方の弁護士の場合は、日常の軽微な相談に対応できていないことがほとんどです。というのも、自治体の顧問を務めるたいていの弁護士は、事務所における来所相談を基本形態としているからです。**定期的に役所を訪問して、役所で相談に乗るだけでも差別化となる**ので、この点を売りにして遠方の弁護士を顧問としている自治体に働きかけるとよいでしょう。誰が顧問であるかは、裁判例等から比較的容易に特定が可能です。また、顧問料は予算書等から判断することができます。

その他の団体・法人についても、基本的には、すでに述べたことが当てはまります。特に、社会福祉法人、病院、学校については、訪問型の提案が有効であるように思います。

Fukazawa's Answer　法律相談、それもメールや電話によるものが中心です。分野としては、労働関係が多いですが、契約法務、業法などもあります。

実際のところ、顧問会社から依頼の多い労働問題、契約締結問題、売掛金等の回収というのは、顧問先でない会社からも依頼を受けます。ですから、顧問先だから特別にこの分野が多い、というものはないと感じています。

ただ、私の顧問先の場合は、こちらのアピールもあってか、予防法務に比較的熱心で、紛争案件の割合は、非顧問先のそれよりは相当少ないです。

顧問業務ということで特有なのは、本当に日常のちょっとしたこと（印紙を貼っていない契約書が来たけれど……など）、種類というより規模が小さい、些細な相談が増えてきます。また、相談のチャンネルもメールだったり電話だったり、ファクシミリだったりと多様になります。そして弁護士の直通電話番号、携帯電話番号を伝えてありますので、事務局を経由せず、直接に相談を受けることが常態になります。

そういう意味で、顧問業務という特別な業務分野があるというより、より細かく、より**迅速に処理する必要のある業務**というのが実感に近いと思います。

逆にいうと、このような場合の迅速性をアピールして、そこにメリットを感じてもらうことが、顧問契約を得るなによりのコツだと思います。

4 顧問業務

顧問弁護士としての付加価値とは？日頃のコミュニケーションのコツとは？

Fukazawa's Answer　**なによりも優先して素早く処理をする**、相談や簡易な案件は無料にするなどの大幅「値引き」、そして、定期的に連絡を入れて「提案」をすることが、顧問弁護士としての付加価値だと思います。

普段のコミュニケーションでは、相談の際に、依頼された事項以外にも、例えば「○○という問題がないか」、「△△については最近はどうしているか」などの話を交えるように心がけています。

また、これは会社のカラー、会社との関係性にもよるのですが、新年会、忘年会にも積極的に参加するようにしていますし、新入社員への研修、ガイダンスなどの際には、なるべく話す機会を設けてもらうようにしています。

とにかく、問題が悪化する前に相談をしてもらう、問題の種をつくる前に相談してもらってそれを防ぐということが、平時はなによりも重要です。ですから、極力、顧問先が自分に連絡しやすいように、相談しやすいようにと心がけています。

普段からコミュニケーションをとることも、相談料を無料にしたり、案件について値引きをすることも、究極的には顧問先との距離を縮めるために行います。普段の事件は相談が来て初めて動くという「受動的」な仕事だとすれば、顧問弁護士としての仕事は、それ以前に自分から動くことに努め（これは、言うは易し行うは難しですが）、「能動的」な仕事にすることが目標になると思います。

事務所広報誌を発行している事務所もあると思いますが、自分の場合は、事務所規模等の兼ね合いから出していません。ただ、顧問弁護士がいるということを、継続的、強固に印象づけ、積極的に価値を提案するという観点からは、十分合理的で有効な方法だと思います。

「何を相談すればよいかわからない」という顧問先が多いが、ニーズを掘り起こす工夫をしているか？

Fukazawa's Answer そこは逆に考えて、「顧問先に相談に来てもらうにはどうするか」ではなくて、**自分から顧問先に行くことを心がけています。**

自社の顧問弁護士であっても、やはり弁護士への相談は、特別のものであるという意識が強いものです。

ですから、定期的にアポイントメントをとって顧問先に来訪し、できれば来訪のたびに異なる部署の担当者と話をする、どのような業務を行っているか、どんな問題に関心があるか、といったことを聞くことが有効であると感じています。

加えて、特にインターネットなどの広告で仕事を集めているのであれば、「事件の流行り廃り」、もっといえば「今現在、どのような事件が企業にとっての法的リスクになっているのか」についても情報をもつことができるでしょう。そうであれば、例えば、「最近は残業代請求訴訟が流行していますが」など、医師が流行している病気について注意を促すように、顧問弁護士も注意を促すことができるのではないかと思います。

法律問題というのは、病気と同じで、症状が出てきたらすぐに悪化しないように対処する方が予後もよく、さらにいえば、そもそも予防しておくことにより、総コストも削減できます。

そういうわけで、アウトリーチ、つまり事務所に来てもらうのではなく、会社や現場を訪問するという工夫も大事です。

4 顧問業務

22 顧問料だけで対応する範囲とは？

Noda's Answer　基本的に内容で線を引くことはしていません。**顧問料に応じた規定時間**を設けて、当該時間内である限りは顧問料で対応しています。おおむね顧問料１万円あたり１時間程度を規定時間としています。

結果的に事件受任については対応時間が不明となることから、着手金・報酬金を請求することになります。

Fukazawa's Answer　通常は法律相談や簡易な書面チェックが対応範囲でしょうが、私の場合、戦略的に、裁判外交渉や訴訟などについても着手金は原則無料とした完全成功報酬制としています（ただし、難易度によっては成功報酬の割合は引き上げることもあります）。

このような体系にすると、顧問先の業務の利益率が低下して、大変といえば大変なのですが、そのあたりは経費節減などの努力でなんとかカバーしています。

なぜ安くするのかというと、もちろん顧問契約の獲得や維持のためという側面もありますが、それよりも、結局その方が「公平」なのではないか、という発想があります。

つまり、通常の事件、一見の顧客からの事件では、その人のいうことは真実であるか、何か隠しごとをしていないか（どんな事件でもそうですが、「先生、実は……」という事件は、うまくいかない可能性が高いです）、今後、信頼関係が築けるか、といったことについても注意が必要で、事件処理以外で非常に手間暇がかかります。加えて、その業界特有の問題であれば、その調査も必要です。費用が直ちに用意できない場合、成功報酬制や長期分割の約定も必要になり、その場合は弁護士はさらにリスクを負担することになります。

一方、顧問先の事件であれば、顧問先とは普段の相談や事件処理の過程で、信頼関係も十分に築けているでしょうし、聞き取りや方針作成もスムーズなはずです。業界の事情についても理解しているので、再び調べ直したりする必要はありません。結果もよりよいものが期待できるでしょう。

そうであれば、**顧問先の業務というのは、実は「やりやすい」ものであり、「成果が挙がりやすいもの」**といえます。ですから、その分、顧問料の分はもちろん、事件の内容、顧問先との関係性から考えても大幅に値引きすることは、実は合理的なことで、そんなに大変な話ではないと思います。

Mukouhara's Answer 顧問契約書に明記するようにしています。

特に**難しいのは、契約書検討に関する費用**です。

これに関して、私は、顧問料によって変動はさせていますが、①契約の目的物の価額を基準とした当法律事務所所定の報酬規定の金額を基本としつつ、②顧問先と第三者との事前交渉の成熟度・契約内容の難易度（特別な法令にかかわる場合などは増額）を総合的に勘案して決定させていただく旨、顧問契約書に明記しています。

なお、契約書に書いたからといって、それですべてが済むわけではなく、顧問先の代表者や役員のコンセンサス、そして会計担当者への説明もきちんとしておく必要があると考えます。

4 顧問業務

23 顧問業務の収益において、顧問料が占める割合は？

Kita's Answer　顧問契約を結ぶに至るきっかけはほとんど単発の事件になりますが、**顧問契約後はトラブルが起きないように対応しますので、顧問業務の全体収益のほとんどが顧問料になります**。もっとも、それでも避けがたいトラブルはありますので、顧問料以外の顧問先の弁護士費用は顧問業務の全体収益のうちの20％程度であると思います。

なお、顧問先からの紹介による単発の事件は相当程度ありますが、これは顧問業務とは別の業務であると思います。

Tabata's Answer　顧問業務の全体収益の中での顧問料は相当高い割合です。というより、**顧問先の仕事はよほどトラブルでもない限り顧問料の範囲内で対応**してしまいます。

とはいえ不動産関係の会社では建物明渡しをはじめとして事件化する問題も多いため、収益源となっている部分も否定できません。全体収益に占める顧問料が２割、顧問業務の収益に占めるいわゆる月額顧問料が７割くらいでしょうか。

Q24 信用金庫とつながりをもつためには？

Kita's Answer　とある信用金庫との仕事については、所属弁護士会が設立したNPO法人の縁がつながりをもつきっかけでした。組織の上層部と知り合いになりたいのであれば、自分も組織の一員になるのが早いです。

ただし、**このようにしてつながりを築いた場合、組織として活動する必要があることから、個人の弁護士としての縁を構築することは困難になってしまうという側面があります**。

そのため、個人の弁護士として縁をつくりたいのであれば、信用金庫の支店長クラスと縁の深い人に紹介をしてもらうとか、信用金庫が主催する会に参加をするなどの方法が考えられるかと思います。

５ 仕事を集めるための他業とのかかわり

Q 25 交通事故事件を受任するために、どのようなアプローチが考えられるか？

Kita's Answer ひとくくりに交通事故事件を受任するといっても、交通事故当事者から直接に事件を受任する場合と保険会社から事実上の紹介を受けて事件を受任する場合では、戦略が全く異なります。

まず、交通事故当事者から直接依頼を受けることを考える場合は、広告による集客か、接骨院等交通事故被害者が集中する場所へのアクセスをいかに確保するかということに尽きます。

対して、保険会社側の事件を継続的に受任しようとする場合には、**①保険会社との縁をいかにつくるか、②どのように継続的に仕事を受任するかの２点**を考える必要があります。

私の場合、①については、最初は趣味的に研究していた予防法務的な組織の縁で何回かセミナーを担当しましたが、縁としては続きませんでした。その後、弁護士費用特約に基づく弁護士費用の支払いの際にミスがあり、保険会社のサービスセンターに行く機会があったことから、話のついでにミスが起きた原因を聞いたところ、人員の異動等があり混乱していることがわかりました。

そこで、無料相談を担当する旨申し入れ、継続的な付き合いが発生した結果、複数箇所のサービスセンターと連携をすることになりました。保険会社はサービスセンターごとにどの弁護士に依頼するかを判断しているようですので、個々のサービスセンターと連絡がとれる状態になることが重要かと考えます。

また、②のためには、基本的には迅速な処理を行うのが最も評価が高くなる傾向があります。保険会社の仕事はどうしても単価が安い傾向があることから、ある程度の事件数をこなす必要があり、その意味でも迅速な処理が必要です。

もっとも、弁護士の業務の特徴を考えた場合、単価を落とすことは基本的に避けるべきです。そのため、保険会社から交通事故事件が継続的に来る場合であっても、多量の仕事をこなすことができるようなシステムを構築するか、あくまで補助的な収入の１つと考えるなど、対策をとる必要があるとは思います。

5 仕事を集めるための他業とのかかわり

26

行政機関との付き合い方は？
また、注意すべきことは？

Noda's Answer　**基本的に友好的な関係をつくるべきですが、事務所の立地条件によります。**

大規模自治体で他に弁護士がたくさんおり、行政機関の仕事が回ってくる可能性がほとんどない場合には、行政機関に対する訴訟を避ける必要はないでしょう。むしろ、手強い相手と見なされた方が依頼につながる可能性が高くなります。他方、小規模自治体であれば、一定の年数の経過によりなんらかの依頼が見込めることが多いことから、積極的に敵対することは避けた方がよいでしょう。

審議会の委員については、依頼があれば基本的に引き受けた方がよいと思います。自治体に関するさまざまな情報が入るほか、行政の職員と面識を得られるため、誠実に対応していれば依頼につながる可能性があります。ただし、事件受任に注意を要する審議会もあります。例えば、情報公開、個人情報保護審査会には不服申立ての常連がいることがあります。このような常連は、自治体に対するその他の法的紛争も抱えている可能性があり、自治体側でその相手方代理人になるにしても、常連本人の代理人になるにしても、その係争中に委員会の委員として活動すると、別の紛争が生じる可能性があります。

また、自治体の行為全般を検討対象とする可能性のある行政不服審査会の委員については、行政からの事件受任が困難となることから、基本的に引き受けるべきではないと考えています。

Q27 各種団体（ロータリークラブ等）への入会方法は？

Tabata's Answer 私は川崎の青年会議所（公益社団法人日本青年会議所、JC）と、溝の口にある川崎西ロータリークラブの２つに入会しました。青年会議所は40歳で卒業なので、昨年の12月で卒業しました。他方ロータリークラブは、特段の理由がなければ一生続ける方も多いです。いずれの団体も、バブル期をピークにして会員数の減少に悩んでいるところが多く、入会に困ることはないと思います。極端な話、自分の活動地域に青年会議所の支部（LOM）やロータリークラブがあることがネット上で確認できれば、「地域のために頑張りたいので」と電話をかけるだけで入会できるところが多いのではないかと思います。

ただ、事務所や自宅からあまり離れた縁のない場所では入会しづらいでしょうし、入会のメリットもあまりありません。まずは地域の団体を調べてみてください。ロータリークラブとライオンズクラブは似ている（少し違う（ことになっている））団体ですが、掛け持ちはしてはいけないことになっているようで、どこのクラブに入るかはよく検討する方がよさそうです。青年会議所もロータリークラブもライオンズクラブも地域を中心に奉仕活動を行う団体です。より正確な表現もありますが、それは自分でクラブを訪問して勉強してください。

クラブを調べるにあたって知っておきたいことは、①クラブの会員数、②同世代の弁護士がメンバーで被らないかの２点です。

①については、端的に20人以下のクラブはあまりお勧めできません。40人以上いる方がよいと思います。理由としてまず挙げられるのが、（ロータリークラブの例会は原則毎週ありますので）毎週会う人数が20人であるか、40人であるかは、人脈の広さにかかわることです。次に挙げられるのが、奉仕活動の負担です。ロータリークラブである以上、地域のための奉仕活動を行っ

ていますが、これは規模にかかわらず一定の仕事量があります。例えば、三役といわれる幹部は、クラブが大きかろうが小さかろうが３人必要です。つまり、人数の少ないクラブほど１人あたりの負担が増えるのです。だから大きいクラブを選ぶというのも現金な話ではありますが、結果大きいクラブにはさらに人が集まり、小さいクラブはより人を減らすという傾向にある以上、大きいクラブに入るという選択肢は現実問題として無視できないでしょう。

次に②ですが、これはやはり先行者利益というものがある場所で、わざわざ後行者として戦う必要はないということです。青年会議所などは、すでに大体のLOMに複数の弁護士がいるようですが。

さて、入りたいクラブを見つけたら、誰かに入会の紹介をしてもらいましょう。もちろん飛び込みで入会を希望してもよいのですが、はるかに年上の顔なじみのない人に自分から飛び込んでいくよりは、**紹介者がいる方が明らかにスムーズ**です。事前に誰か近隣のクラブの関係者（それこそ弁護士会にもいるでしょうし、地域の有力者のような方なら、ある程度そうした情報は把握されていることがほとんどです）か、少なくともその関係者の友人くらいまでなら、探せば見つかると思います。紹介者にとっては、クラブできちんと奉仕活動をしてくれること、今後も長くクラブに在籍してくれることが重要でしょうから、その点についてきちんと自己紹介をして、入会の推薦をしてもらうのがよいと思います。私は青年会議所とロータリークラブでいずれもすばらしい先輩方に会うことができ、公私問わず本当にお世話になっています。

一生の付き合いができる友人をつくる、というきっかけとしても、入会をお勧めします。ぜひ入会されたら私とも友人になってください！　クラブでお待ちしております。

Noda's Answer　青年会議所、ロータリークラブ以外では下記のとおりです。

① **商工会青年部**

地元の商工会に問い合わせるとよいでしょう。

② **経済同友会**

２人以上の会員からの推薦を必要とするので、地域の会員を把握して推薦を依頼します。

5 仕事を集めるための他業とのかかわり

Q28 コンサルタント等、士業以外との連携はしているか？

Tabata's Answer 士業以外とは原則していませんが、今後営業コンサルタントなどとの提携は考えています。とはいえ、単に仕事を士業間で投げ合うだけならリスクはありませんが、コンサルタントをつけるとなると費用の問題が発生します。勤務弁護士時代の所属事務所は、コンサルタントを頼んでいました。事件に集中したい弁護士であれば、ホームページ作成や他士業の紹介、営業の方法まで相談できるコンサルタントは悪くないかもしれません。

今後は、士業の営業代行のような仕事は増えそうな気がしますし、「自分で営業をかけた場合より効率的に仕事がとれる」のであれば取り入れることは考えてよいと思います。

ただ１点いえるのは、私が見てきた限り、**コンサルタントができることは「普通の人間が考えればできること」の延長線上にしかない**ということです。魔法のように売上げを伸ばしてくれるというものではないので「自分が不得手な・あるいは自分の手が回らない範囲を」手伝ってもらうと考えた方がよい気がします。

Mukouhara's Answer 連携と一口にいっても、複数の形態があります。

１つは、さまざまな縁に基づいて知り合った他業の方との間で、チームを組んで１つのプロジェクトを推進する形態です。相続案件や民事信託案件はこの形態です（ただ、相続で弁護士のところに持ち込まれるのは、ほとんどの場合が紛争化したものなので、基本的にはチームを組むというより、弁護士単独で行うことが多いです）。

もう１つは、新規顧問先において既存の他業の方と連携する形態です。例えば、社会保険労務士さんがいたら、それまでの労務管理の実情や課題を教えてもらい、弁護士の視点からの提案や課題の振り分け方法をコンサルティングするといったことを考えます。

ほかには、案件の紹介を軸とした連携形態です。例えば、登記案件があれば、司法書士さんにお願いしますし、税務申告や税務的な意見については税理士さんにお願いします。このような関係ができることで人脈が厚くなります。

弁護士がすべてを処理することはできない、足りないものは何か、ということを意識すれば、おのずとどこでどう連携するべきか、ということが見えてくるのではないでしょうか。

29 紹介が多いのはどの士業か？

Kita's Answer 現時点では、公認会計士の先生と税理士の先生が多いですが、一昔前までは司法書士の先生と社会保険労務士の先生からの紹介が多かったです。

その時点で付き合いのある会社や、行っている業務内容によって、**紹介してくださる士業の先生方の構成や種類は変動していく**のではないかと思います。

Mukouhara's Answer 私の場合は、司法書士さんからの紹介が多いです。

司法書士さんは、街の法律家として、地域の方からの信頼が厚いことから、さまざまな相談を持ちかけられるようです。その中で、弁護士対応相当と判断されるものについて、ご紹介いただけることが多いです。

懇意にしている士業の先生ごとに、相談されることの多い案件があると思うので、それを聞いてみて、「こういうのがあればやりたいです」と伝えておくと、その種類の案件の相談が当該士業の先生のところに来れば、回してくださるのではないかと思います。

6 他士業からの案件紹介

他士業との人脈のつくり方、仕事につながるアピール方法とは？

30

Kita's Answer

自分を売り込む方法としては、①専門性をアピールする、②キャラクターをアピールする、③相手に仕事を回せる存在であることをアピールする、のどれかだと思いますが、いずれも交流会の場で一瞬でアピールできるものではありません。そのため、交流会は「自分にとって面白そうな人を見つける場」くらいの認識でいた方がよいと思います。逆の立場で考えても、交流会で会っただけの人に対して仕事をお願いすることはまれでしょう。

必要なのは、交流会やその他の場所で会った人とその後の縁をつなぐことだと思います。その手段としては「自分がやっていて苦ではないもの」を選ぶ必要があると思います。私の場合はSNSになりますが、SNSが苦痛の人もいるでしょうから、そういう人は別の手段を用いればよいでしょう。

なお、他士業との最大の縁のつくり方は、まず自分から仕事を回すことか、共同の仕事の中で出会うことだと思います。自分の抱えている事件のうち、他士業の人に回すことができるもの、または自分自身の税務や労務などの事務処理については、積極的に友人の他士業の人に紹介するべきでしょう。

また、**自分が顧問を務めている会社の他士業の先生を紹介してもらうというのもオススメ**しています。会社の経営者は似たような基準で各種士業を選んでいる傾向があり、自分を顧問弁護士として選任してくれている会社の顧問税理士や顧問社会保険労務士は自分ともキャラクターが似ていることが多く、仲よくなれる可能性が高いと思っています。

Mukouhara's Answer その他士業の方と自分との共通点を見つけ出し、こういう分野であれば協働できる、協働したい、と思えるような**仕事観を共有できるかが重要**です。

その中で、例えば紹介いただく場合の「紹介のしていただき方」もある程度決めておくと、「紹介しやすい」流れを構築できるのではないかと思います。

強みを売り込むという方法もあるかもしれませんが、私の場合、決まった専門分野をもつわけではないので、その方法で売り込むのではなく、速断即決、論点整理をきちんとする、というところを強調しているように思います（これは意識的にではなく、知らず知らずのうちにだと思います）。

⑥ 他士業からの案件紹介

他士業からの紹介は、具体的にはどのような案件が多いか？

Kita's Answer　さまざまですが、どの士業からも会社関係の相談が来ることが多いです。司法書士・行政書士は会社の設立の際に、税理士は会社を経営していく際に、社会保険労務士は会社の労務関係に、公認会計士は会社がより大型化するときにかかわる職業なので、**どの士業からの紹介でも会社関係の仕事が多くなる**のは当然の流れであるとは思います。

その他に離婚や相続等の案件が回ってくることもあります。

Tabata's Answer　**紹介案件は雑多**です。刑事事件の処理を頼まれることもありますし、ウェブ上での名誉毀損などの案件の紹介もありました。社会保険労務士や税理士の先生から紹介いただくのは企業法務全般と相続です。行政書士の先生からは顧問の紹介を受けることもあります。例えば、建設業の許認可を扱っている行政書士なら、顧問先の建設会社が相当あり、そうした会社の紹介を受ける、という流れです。自分の印象として、税理士や行政書士（相当細分化されているので一部の人かもしれません）は、弁護士より法人とのつながりが強く、一見の顧客ではない顧問会社があるため、紹介を受けることが多いのです。逆の視点でいえば、顧問弁護士はいなくても、顧問税理士や許認可を頼んでいる行政書士と付き合いのある会社は多数あり、そうした会社が法的トラブルに巻き込まれた際、知り合いの弁護士を紹介してほしいと頼むことが多いようです。

それに対して司法書士の先生からの紹介は、相続案件が紛争化した、あるいは過払いが基準額を超えているなど、司法書士自身が扱っている案件が多いです。このあたりは、弁護士も司法書士も一見の顧客との仕事が多いという特徴に基づいているのかもしれません。

Q32 地方開業の場合、会務参加で経営上のメリットは得られるのか？

Tabata's Answer 積極的にバンバン仕事が来るかという意味では、神奈川県ではそのようなことはないと思います。

昔と違って、「仕事が余っていて後輩に振りたい」という先輩もそう多くはありません。例えば、高齢者の委員会にいれば後見の案件の紹介がある、消費者委員会に入れば消費者事件についての弁護団など案件の紹介がある、という意味で仕事につながることはあります。

ただ、参加していればそれに見合った営業上のメリットがあるような対価性のあるものではありません。おそらく、弁護士会の仕事をやっている中で、先輩弁護士から「こんな仕事ぶりの人間なら頼んでも大丈夫だ」、「彼は信頼できる」と思ってもらって仕事を紹介してもらう、すなわち**「信頼関係を築く」ということに尽きる**のではないでしょうか。

対価ではなく信頼を積み重ねているのだと割り切るべきだと思いますが、目立ちやすい「仕事の紹介が受けられる」という効果以外に、自分のことを知っている人、自分の相談できる人が会にいるという状況はプライスレスです。参加するところには大勢の中の１人として加わるのではなく、個々の人間関係をつくることを意識した参加を心がけるとよいと思います。

Noda's Answer **負担に見合うほどのメリットはない**というべきでしょう。

会務で仕事を紹介してもらうには、会務をマジメに一生懸命やることが必要になりますが、会務はマジメにやればやるほど増えるという性質を有するものですから、会務で仕事を紹介してもらう頃には、会務負担はそれなりの程度に至っていることになります。そして、会務に関連して仕事を紹介してもらおうものなら、当分、

その会務から抜けることができなくなります。

このような性格のものであることを理解して、いわば放課後の部活的に会務を楽しむことをお勧めしておきます。経営上のメリットを考えて会務に参加しても長続きしないでしょう。

なお、ある程度会務参加を重ねていると、執筆機会につながる場合や、日弁連の委員会などに参加することができるようになり、ある領域の専門家と評価される場面が出てきます。この段階に至ればそれなりにメリットが生じるかもしれませんが、それまでに投じた労力を考えると、やはり割に合わないでしょう。

Mukouhara's Answer　私は、福岡が地元ではなく、登録時は知り合いが全くいなかったので（そもそもどうしてそんなところを登録地に選んだのか、という点はおくとして）、とにかく知り合いを増やす必要がありました。

その中で最もハードルが低いのが、弁護士会の行事・会務だと考え、積極的に参加するようにしていました（そのため、私は、今でも比較的会務にかかわる機会の多い方だと思います）。

では、経営上のメリットはあるでしょうか？

答えは、「直接的なメリットは、会務にかけた時間との兼ね合いでいえば、ない」と考えます。もちろん、仕事を紹介してくださったり、法律相談を交代してくださったりする先輩もおられ、大変ありがたいのですが、そのような先生は決して多くないと思います。

そもそも、会務は、そうした対価を求めて行うものではない、というのが私の考えです（それでは誰も会務をしないではないか、とのお叱りを受けるかもしれませんが、それはそれで自然の摂理として致し方ないことだと私は思っています）。

ただし、会務の中で得ることは、それなりにあると思っています。例えば、私は給費制対策本部の事務局次長を拝命しました。この業務自体は、本来の弁護士業務と直接の関係はありません。しかしながら、同本部にいると、法曹養成制度の問題点、ひいては現在の弁護士業界の現況が俯瞰できる程度の情報が得られます。それらの情報は、自分の弁護士としての経営方針の立案に大いに役立っています。

なお、ここにいう情報とは、数値的な情報はもちろんのこと、数値に表れない顧客心理や弁護士心理といった情報を指します。これは、実際に会務活動に携わることで得られる情報です。私は非弁委員を拝命していますが、同委員会の会務も、同様の効果があると考えています。

そのほかにも、私は対外広報委員を拝命しており、ここでは、広告手法について勉強になりますし、また法教育委員会では、人前で話すこと（それも、子ども相手だから、わかりやすくかみ砕いて説明することを強く意識します）について苦手意識がなくなります。

さらに、会務活動をすることによって、名前を覚えてもらうことができます。私は、会内でのレピュテーションは大切な要素だと考えているので（もっとも、私の日頃の主張から、私のことを嫌う人もいることは覚悟していますが……）、その意味でも大切です。

このように、**会務活動は、「間接的に」業務に生かされている**と考えているので、自分にとっては役立っていると思います。

7 弁護士からの案件紹介

Q33 他の弁護士が嫌がる仕事の下請けを狙っているが、どのように上の期の弁護士にアピールするとよいか？

Tabata's Answer　会務関係のつながりでも、学校の先輩後輩のつながりでも、とりあえず飲みに行ってざっくばらんな話ができること、あとはSNSなどで簡単に連絡できる状態であることが大きいと思います。

先輩弁護士から仕事が回ってくる瞬間というのは、先輩にとって「誰かいるかな……」という程度の感覚であることが多いと思います。考えに考えて頼む後輩を選んでいるわけではないので、**「気楽に頼める」**ことが最も重要なファクターではないかと思います。

もちろん「彼の仕事の質って大丈夫なの？」と思われているようではダメです。突出した能力の有無までは問われなくても、信頼できることは大前提です。周囲に対するきちんとしたコミュニケーションや、時間とお金にきちんとしていることなどは普段から見られていると思ってよいでしょう。

あとは、先輩の前で必要以上に忙しいアピールをしない方がいいかもしれません。仕事を依頼する側にとっては「忙しいのにこんな割に合うかもわからない仕事を回しても迷惑かな」とか、「どちらかというと仕事が少なくて困っていそうな、あの後輩に回そう」と考えると思われるからです。では「全く仕事がないんです!!」とアピールすればよいかというと、それも違います。そんな人間に仕事は頼みたくないのです。難しいものですね。

前事務所からの紹介はどの程度あるか？

Kita's Answer 全くありません（笑）。私はイソ弁をしていた事務所からはそれほどよい退職をしておらず、２つ目の事務所ではノキ弁であったため、あまり事務所との関係性が強くありませんでした。

ただ、聞いた話では、利益相反が発生すると仕事を紹介してくれる事務所や、独立後一定期間は継続的に事件を紹介してくれる事務所も存在しているようですので、**基本的には前の事務所との関係は良好にしておいた方がよいとは思います**。

なお私の場合、修習指導担当の事務所からはときどき事件の紹介をいただくことから、修習指導担当者との縁も大切にした方がよいのではないかと思います。

8 広告宣伝と効果

Q35 広告宣伝の内容・媒体とその費用対効果は？

Noda's Answer　広告宣伝の内容としては、Ⓐ事務所の存在自体、Ⓑ事務所の提供するソリューションのいずれかとなります。競争の激しい地域ではⒷ、そうでない地域ではⒶを軸に考えることになるでしょう。

広告媒体は、これらの広告宣伝内容との組み合わせで検討することになります。普通の事務所が利用可能な価格の広告媒体としては、①看板・デジタルサイネージ、②電柱広告、③自前のウェブ、④弁護士紹介サイト、⑤自治体広報誌、⑥自治体や郵便局の封筒広告、⑦折り込みチラシ、⑧ラジオCM、⑨タウンページ広告などが考えられるでしょう。比較的わかりやすいのは②で、その特性上、デザインの余地がほとんどないため、基本的にはⒶのためにしか使うことができません。それ以外の媒体は、その設置場所やデザイン、かけられるコストから、ⒶかⒷかを考えつつ、試行していくことになります。

費用対効果については、広告内容や競合事務所の状況等の個別の条件によるところが大きいため何がよいとはいいがたいですが、一般的な傾向としては、⑤⑥⑨など意識的に眺めるものや保存期間の長いものがハズレが少ないです。しかし、より本質的に必要なことは、出稿前に十分に検討して依頼者の来所までの動きについて**仮説をもつこと、広告の効果を測定すること**（来所者に認知経路を尋ねるなど）、**測定の結果から仮説を検証し、次の広告出稿に反映させること**でしょう。

Fukazawa's Answer ものによります。非常に費用対効果がよかったものもあれば、その逆もあります。

基本的に効果の善しあしは、広告の善しあしに比例します。分野を問わず、方法を問わず、よい広告であれば、つまり内容がよく、頒布方法や量も工夫すれば（そして、費用をかければ）、おのずから効果の上がるよい広告になるのではないかと思います。

もっとも、そういう一般論は別にして、やはり他よりも効果の出やすい方法や形式というものはあります。

もちろん、都市部か地方か、分野にもよるので過度に一般化はできないのですが、私の経験からすると、やはりインターネット広告は、看板等の広告より効果が高く、費用対効果もはるかに良好です。

さらに、インターネット広告ならなんでも効果が上がるというわけではなく、**「総花的な内容」のものは効果が低く、「一定の分野について特化して、丁寧に解説するもの」は効果が高い**傾向があります。ですから、事務所のホームページからの依頼は、そこまで多くはないというのが実情です。

また、扱う分野の中でも、残業代、インターネットの誹謗中傷の削除、債権回収など、依頼者に対して「弁護士がいくらで何をして何ができるか」がある程度わかりやすい分野は、インターネット広告の効果が非常に大きいと感じます。

逆にいえば、そうでない分野は難しく、少なくとも伝え方や報酬設定に相当の工夫が必要だと思います。

一方、形式に着目すると、効果が低いと感じたのは、複数の弁護士が同じ広告業者運営のサイトに登録するタイプ（「○○問題のポータルサイト」などと自称しています）です。大手のものはそこそこ効果があったのですが、大手以外のものについては、ランニングコストがそれなりにかかる割には、ほとんど成果がありませんでした。

これは感想というか感覚的な話になってしまいますが、効果が低いところほど、電話で「依頼が増えても大丈夫ですか？」などと思わせぶりで、広告であることを途中まで秘するなど、悪質な勧誘をする傾向があります。独立直後は、こういった勧誘が多いと思いますが、基本的に利用はお勧めしません。

8 広告宣伝と効果

Q36 広告媒体によって、仕事の種類・依頼者のキャラクター・受任につながる割合に違いはあるのか？

Tabata's Answer

来る事件のタイプは、媒体によって明確な傾向があるわけではありません。ただ、私の取扱案件のうち、「不動産」については明確にアピールしている事務所が県内ではそれほど多くないことから、多少遠くからも相談に来られる方が多いです。チラシやタウンページはあくまで事務所から数キロメートル圏内の相談者が多いのに対して、ウェブについては内容次第ではやや遠くからも相談があります。

他の媒体と比べて、**ウェブの場合はやはり価格を重視する相談者が多い**という気がします。また「自身で調べたうえで相談に来られる」相談者も多いです。

Fukazawa's Answer

タウンページは使っていないのですが、チラシ、ウェブで広告を出した経験からいうと、特に受任率に差異はなかったと思います。

媒体というより、内容・事件の種類に大きく依存しているのではないかと思います。専門性が高いもの、受任によるメリットが提案しやすいもの（要するに、結果の見込みがあるもの）であれば受任率は高くなります。

また、仕事のタイプについても、媒体によって大きく異なるということは感じていません。これも内容の問題ではないかと思います。IT法務関係のウェブサイトから来る仕事はIT関係ですし、刑事弁護のウェブサイトであれば刑事事件が来ます。

ただ、このあたりは東京ならではといえるかもしれません。地方ではまた事情が異なると思います。

さらに、媒体による相談者のキャラクターの違いについても、それほど感じていません。ウェブサイト経由であれば若年層が多いと思われるかもしれませんが、実はそこまで大きな傾向はありません。**最近は、高齢の方でもネットを駆使して弁護士を探す傾向にあります**。むしろ、インターネットを利用した弁護士広告やサービスというのは、自宅にいながら家族らと相談しつつ、よく検討できるので、高齢の方向きではないかと思っています。

一方、これは差があると感じるのはコンタクトの方法です。ウェブサイトのメールフォーム（ウェブページ上で連絡先や相談の種類を入力して送信する）経由と電話のいずれでも問い合わせを受け付けているのですが、高齢の方は電話をしてくる割合が高いと感じています。

ウェブサイトに文字を入力して問い合わせるという行為は、意外と負担に感じられることも多いようです。逆にいえば、しっかりと問い合わせ内容を書いてくる事件は、筋がよいことも多いのではないでしょうか。

また、ウェブサイトで集客をするのであれば、電話番号はもちろん、電話の受付時間も記載しておくとよいでしょう。

9 ウェブ上の広告宣伝

Q37 ウェブ上の広告宣伝のコツととは？作成の費用などは？

Tabata's Answer　もともとはあまり意識せずにホームページをつくったのですが、確実にいえることが２点あります。「**弁護士の写真は載せた方がよい**」ことと「**費用の説明は載せた方がよい**」ことです。

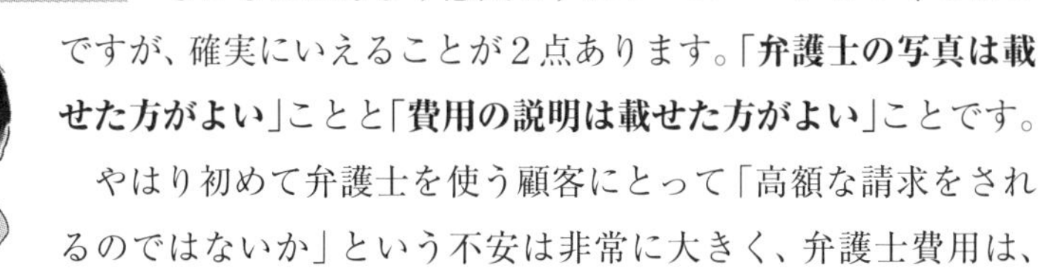

やはり初めて弁護士を使う顧客にとって「高額な請求をされるのではないか」という不安は非常に大きく、弁護士費用は、実は旧報酬基準に縛られていることが多い（場合によっては着手金が高いだけで懲戒の対象にすらなっている）という事情は、顧客にとっては無縁のものであることが多いです。費用は「ただし、こういう場合は別です」という逃げを用意しつつも、具体的な基準を提示すべきでしょう。

Fukazawa's Answer　弁護士は従、弁護士サービスの内容が主であること、費用、特にランニングコストはなるべく節約することです。

過去に話す機会があるたびに強調しているのですが、**実はみんな驚くほど弁護士を探していません**。病気になったら病院に行くというのは常識ですが、法律問題（そもそも法律問題であるとの認識がなかったりします）は弁護士に、という意識はそこまで浸透していません（だからこそ、怪しい非弁業者にだまされて弁護士の数倍の料金をとられた挙げ句に事態が悪化する、というケースがなくならないのですが）。

ですからウェブサイトでは、弁護士であることだけを強く押し出すのではなく、また、自分という弁護士だけをひたすらアピールするのではなく、自分はどのような問題についてどのような方法で、何ができるかという点、つまりはサービスの内容を全面的に押し出すべきです。

加えて、市民の言葉で語るということも重要です。法律用語というのは難解なだけではなく、一般市民と弁護士がもつイメージで「ずれ」があったり、理解しづらい用語もあります。

典型的なのが「渉外離婚」で、弁護士は当然意味がわかりますが、一般市民にとってはイメージが湧きにくいのです。この場合は「国際離婚」などと適宜言い換えるのがよいでしょう。

次に、費用については、イニシャルコストはもちろん、ランニングコストも重要です。ウェブサイトのよいところは、ランニングコストの低いことですから、このあたりはしっかりと見積りをとるべきです。なお、イニシャルコストを安くしておいてランニングコストで回収する業者もいますので、そのあたりはきちんと構造を理解してから決めましょう。

さて、ウェブサイトによる広告というと、特に文面について何か特別なスキルや工夫が必要ではないか、と思われる人も多いでしょう。そういう側面があることは否定しませんが、基本は「法律相談スキルの応用」だと考えています。ウェブサイトも初回の法律相談も、初対面の人にわかりやすく、状況・手段・見通しを伝えるということ、それで理解を得て信頼も得ることが大切であり、そこに違いはありません。

ですから、原稿を作成するにあたっては、自分の目の前にあるのがパソコンのディスプレイではなく、相談者本人であると心がけるのがコツです。そして、こういうサイトを見る人は何を不安に思っているのだろうか、何が知りたいのか、何を答えれば喜んでもらえるか、信用してもらえるかという点を意識することが、なによりも大事だと思います。

逆にいえば、そういう意識さえもてば、弁護士であれば誰でも、努力をすればおのずからよい広告の文面はつくれるのではないでしょうか。

⑨ ウェブ上の広告宣伝

Q38 ホームページからの集客を経営戦略上どのように位置付けているか？地元の方、土日相談の希望は多いか？

Tabata's Answer　ホームページはもともと６年前の独立時は集客の基幹でした。実際、事務所名もSEO対策を意識したものですし、なんら地縁のない場所での独立にあたって非常に重要な集客ツールであったこと、そして現在も重要な集客ツールであることに変わりはありません。ただ、同じような若手の事務所が増える中で集客力が低下したことは否めません。あくまで**ホームページによる集客は水物**という意識はもっておいてよいと思います。

相談者は地元の方、事務所から数駅以内の方が多いです。これについてはある種の傾向があり、例えば私の事務所では電車の上り方向からはあまり相談者が来ないものの、下り方向からはかなり遠方でも来る顧客がいることや、南北に走るJR南武線沿線より、東西に走る東急田園都市線沿線から来る顧客の方が多い、などです。

また、地方出身の方は地元についてはご存じかもしれませんが、都心でもない限り、地元コミュニティはかなり細分化されています。「地元」と一口にいっても相当いろいろなコミュニティがあることを把握して集客状況を詳細に分析すべきと考えます。

なお、土日に相談したいという件はそれなりにありますが、最近はそのためだけに日曜日に事務所に出ることも体力的にきついので、無理に相談を受けないようにしています。携帯に転送して土日の相談申込みだけは電話を受けて、平日の遅い時間などに対応しています。

Fukazawa's Answer ウェブサイトは、最初はほとんど唯一の営業ツールで、仕事の唯一の入り口であり、現在は紹介に並ぶ二本柱の1つという位置付けになっています。

問い合わせをする人の構成ですが、専門性がさほど高くない分野（いわゆる一般民事、刑事事件の通常の罪名）であれば、東京23区内か、一都三県がほとんどになります。

一方で、**専門性の高い案件、IT法務関係やサイバー犯罪の弁護となると、それこそ日本中から依頼を受けます**。

次に、土日の相談を希望される人は、個人であれば、やはり多いです。ただ平日であっても夜間であれば大丈夫など、土日以外に絶対に相談ができない、というケースはさほど多くありません。

平日の昼間に時間をとるというのは、一般の人にはなかなか難しいことですので、土日対応は特別な理由がない限り、実施すべきでしょう。

ただ、一方で、いわゆる「ドタキャン」の可能性は、土日相談の方が高いです。このことは頭に入れておき、場合によっては、あえて平日の相談を案内してもよいでしょう。

9 ウェブ上の広告宣伝

ホームページを作成しない場合、その理由は？

Kita's Answer

一般の顧客が弁護士をインターネットで探す場合は、①地名＋弁護士か、②事件名＋弁護士であることが一般的です。そのため、インターネット上での集客をする場合には、**自分の事務所がこのキーワードで検索をされた際にヒットしやすい状況にあるか**がきわめて重要になります。

このような視点から当事務所の状況を見ると、まず事務所は東京都千代田区にあります。千代田区は東京23区どころか全国で最も弁護士が集中している地域であり（5,500人ほどの登録があります）、ビッグローファームもあることから、「地名＋弁護士」の検索によって上位に来ることはきわめて困難です。加えて千代田区の夜間人口は４万8,000人しかいないことから、地元客という存在が少ないこともマイナス要因として挙げられます。

また、当事務所の事業内容としても、開業当初は一般的なマチ弁といえるものであったことから、「離婚＋弁護士」、「労働＋弁護士」、「交通事故＋弁護士」、「企業法務＋弁護士」等での検索ではSEOなどを工夫しているところより上位に来ることはこれもまたきわめて困難です。

そのため、ホームページによる集客を検討する時間を設けるよりは、紹介を中心とした状態にした方がよいと考えたことから、ホームページの作成を後回しにしています。もっとも、あって困るものではないことから、仮にホームページで集客をしないのであっても、開業を準備している段階でホームページは作成してしまった方がよいと思います。

ホームページにて、相場よりも安価な弁護士費用をうたうこと（例えば「法律相談料10分1,000円」など）は、集客に有効か？　収益は上がるのか？

Kita's Answer　集客に有効かについては、事件の内容と顧客層によると思います。また、収益が上がるか否かについても、事件の内容によるかと思います。ただ、個人的には安価な弁護士費用をうたうことについては、大量の事件を組織的にこなすことができる状態をつくらない限り収益を上げることは難しいのではないかと思っています。

まず、低価格戦略が集客に資するかという面でいえば、「多数の事務所が報酬基準を明確にしており」かつ「顧客が値段によって依頼する事務所を選別する層である」との両方の要素を満たす必要があります。そのため、顧客が容易に事務所間の値段を比較することが可能であり、かつ値段の安さが顧客に対するアピールになる事件類型であるならば、低価格戦略は集客自体には資すると思います。逆にこの２つの要素がない場合は、料金の安さがそもそも顧客に対するアピールにつながりません。実際にこの両要素を満たす事件類型はどれだけあるでしょうか。

また、収益を上げることができるかについては、相当にシステム化をするか経費を落としておかなければ収益化は困難なのではないかと思います。なぜなら、弁護士の仕事は労働集約型業務の最たるものであり、一部の事件類型に特化する、仕事のほとんどを事務スタッフが行うことができるようにする等のシステム化をしない限り、抱えることのできる事件数の上限があっという間に来るためです。

そして、仮に単価を１割落としてしまった場合、従前の1.11倍の件数をこなさなければ同じ売上げに至ることができません。仮に安価な値段設定により集客力が強化されるとしても、同程度の売上げを保つだけでも単価１割減で1.11倍（11％増）、単価２割減であれば1.25倍（25％増）の事件数を得なければならないうえ、さらに売上げを伸ばそうとするのであれば、より多数の事件をこなす必要があることから、個人でこなしている限りはいずれ難しくなるでしょう。

また、**安価な値段設定をして集客に結びつかなかった場合は、非常に大きな利益率の低下が発生する可能性**があります。例えば、従前の利益率が４割であった場合（月の売上げが100万円で経費が60万円であることから40万円が利益）、仮に単価が１割減少したとすると利益は25％減少することになり（売上げが90万円で経費が60万円であることから30万円が利益）、２割減少した場合は利益が50％減少することになります（売上げが80万円で経費が60万円であることから利益は20万円）。単価を１割落とすということは30万円の事件を27万円で受任することであり、２割落とすということは24万円で受任するということです。皆さんが何の気なしに行っている値引きによって利益の25～50％を喪失していると考えてみてください。それでも値下げをするのが戦略として有効でしょうか。

このように単価を落とした場合に収益を確保することは非常に難しいことから、多数の事件を同時に処理できるシステムを構築できない限り、安易に単価を落とすことはお勧めできません。

Q41 ホームページ経由の相談者はあまり筋がよくないと聞いたことがあるが、実際はどうか？

Fukazawa's Answer 問い合わせてきた人それぞれだと思います。

ホームページ経由だからというよりも、他のルートからの、紹介がない一見の相談者と同じだと考えるのが実情に近いでしょう。

予約時間を守らない、聞き取りに協力してくれない、とにかく弁護士の言質だけをとりたい、弁護士に無意味に敵対的な態度をとる、無料相談をハシゴして「都合のよい情報のコレクション」をつくることだけに執心している、などなど、これは**ホームページ経由特有の問題ではない**と思います。

ただ、それでも、さほど数は多くないのですが、偽名で相談に来たり、あるいは「うその試し切り」をする相談者は、ホームページ経由で多い類型だと思います。

ホームページ経由の場合、電話口でうそをつくより、問い合わせフォームにうそを入力する方が心理的抵抗が少ないせいか、偽名で相談を申し込む人が多少います。

また、刑事事件で特に多いのですが、最近はホームページで相談予約を受け付けて無料相談をする事務所が増えています。そういう無料相談をハシゴして、とりあえず自分がいおうと思っている「うそ」を相談時に話して、どこまで通用するか、「うその試し切り」を繰り返していると思しき相談者もいました。

このようなホームページ特有の問題もありますが、結局、ホームページだから特別何かが悪いということはないと思います。ただ、一見の相談者であるということは変わりがないので、他の一見の相談者と同様の注意を欠かさないことが大事です。

このような問題のあるケースのフィルタリングとしては、廉価であっても相談料を事前に支払ってもらう、また、場合によっては事前にメールで事情を詳しく説明してもらう、という方法が有効です。

特に後者については、内容の巧拙にかかわらず、メール等の文面で事情を説明してもらうと、「事件に向き合う心構えができることで、気が変わってキャンセルをしなくなる」、「こちらの相談のクオリティも上がる」、「受任した後も『事情を文字にして説明をした』という経験は、本人の記憶の定着につながり、事件処理上も有利になる」など、よいこと尽くめです。

Q42 ホームページ作成業者をどのように探したか？

Tabata's Answer ホームページ作成、運営やアップデートについては、正直手を抜こうと思えば手を抜ける、素人には仕事のクオリティが判断しにくいジャンルです。

そのような中で、信頼できる仕事をしてもらうためには、**友人といえるホームページ作成業者をつくる方が早い**ように思います。士業のホームページの需要はそれなりにあるので、ホームページ作成業者と士業のつながりはそこそこにあります。まず他士業や弁護士の友人をつくって、その中で紹介してもらうという方法が、価格や仕事の面で信頼ができるのでお勧めです。

Noda's Answer ホームページの作成業者については、発注方法に留意すれば、どのような探し方でもよいでしょう。

ホームページ作成には、デザイン、技術、ライティング（文章作成）の3つの要素があります。

ホームページ作成業者の来歴を大きく分けると、他のメディアの広告業者がホームページも作成するようになった場合と、当初からホームページ作成業者としてスタートした場合とに分けられます。他メディアの広告業者がホームページ作成も行うようになったという場合は、デザインに強いが技術面は弱いことがあり、ホームページに特化して現れた業者は、技術はあるがデザインに弱いことがあります。文章作成の質については業者の担当者の経験によるところが大きいです（弁護士だって、よく知らない業界について陳述書を作成するのは難しいし時間がかかります）。

名の通った大規模な事業者に数千万円規模で発注すれば問題なく3つの要素をクリアしますが、開業したての弁護士がそうそうできることでもないので、発注に際しては、上記の傾向があることを考慮し、３つの要素をどうクリアするかを考えて発注をすることになります。

弁護士が自ら行うことができるのは、文章作成面ですので、基本的には掲載する文章、その他の情報は自分で原案をつくるとよいでしょう。自分の業務のあり方を振り返るきっかけにもなります。

技術面については、BootstrapやFoundationのような定評あるCSSフレームワークの利用を指定するか、WordPressのようなCMSシステムの利用を指定することで、ある程度問題はクリアできると思います。なお、ここに記載した３つのいずれも知らない・対応できない業者は論外と思ってよいでしょう。

以上の２点をクリアしたうえで、納得できるデザインを提案できる業者に依頼するとよいでしょう。

できるだけ費用をかけたくない、効果をある程度見てからにしたいという場合は、独自ドメインが利用できるブログサービスを契約したうえで、デザインを無視して将来ホームページ作成の際に掲載したいと思う文字原稿をすべて掲載してしまうとよいでしょう。そのうえで、ブログへのアクセスが一定量ある、ブログを見ての問い合わせがまれにでもあるということであれば、その時点で発注することを勧めます。

作成時の費用のほかに維持費用も問題となります。自分自身で管理するのであれば、ドメイン名はせいぜい4,000円／年まで。.comドメインであれば1,000円／年程度です。サーバ代についても、月額数百円で足ります。コストが最も高いのは、更新の際の人件費だと思っていてよいです。更新頻度が低ければ、その都度発注をかければよいですし、随時あれこれ書き換えたいのであっても月額１万円程度で更新してくれる業者があると思います。

なお、権利関係については、本書の読者である弁護士にはいうまでもないことかもしれませんが、作成成果物の知的財産権の譲渡を受けておく必要があります。

Q43 SNS・ブログ等は集客に役立つか？

Kita's Answer SNSとブログについては、その使用目的が異なります。そのため、何をもって集客をするのかによってSNSとブログのどちらを用いるか、また、どのような内容の投稿をするかが変わることになります。

まず、SNSの特性としては、①１回の文章量が少なく、②その分頻繁に投稿することが可能であり、③検索性能が低く、④投稿内容がすぐに流れてしまうという点が挙げられます。これらの要素から考えられるSNSの使い方としては、「圧倒的な接触頻度を武器にしてキャラクターを売る」という方向性になり、かつ「新規ではなく既存の知人・友人に対するアピール」に強いといえます。簡単にいえば、ふとしたときに思い出してもらいやすくなるということです。

対してブログの特性としては、①更新がホームページに比べて容易、②比較的長文の投稿が可能、③検索が可能という点が挙げられます。これらの要素から考えられるブログの使い方としては、ホームページの補完のために具体的な事件の解決や専門性のアピールをしたり、社会に対するある程度統一された意見等を主張することなどがよいのではないかと思います。

どちらにしろ、**自分が何のためにSNSやブログを用いるのかの目的を設定し、その目的を達成するための手段として用いるべき**でしょう。なお私自身は仕事の35％程度がフェイスブック経由で来ています。もっともこれは、上記のように新規顧客の開拓ではなく、既存の友人・知人・他士業・経営者からの紹介に結びついているという意味です。

Tabata's Answer

フェイスブックについては、友人にしか公開していません。ただ、営業に全く使っていないかというとそうでもなく、**知り合った経営者の方などとはフェイスブックの友人関係になり、やり取りを続けているケースがたくさんあります**。また、そうした友人としての関係から仕事の依頼をいただいたケースもあります。

ブログについても実験的に少しずつ書いているのですが、こちらについては、どう集客に結びついているのか、まだ判断できない状況です。

Noda's Answer

①　ブログ

効果の有無は、何を書くかというテーマ設定によるところが大きいです。日常生活的な投稿や世相に関する投稿は、SEO対策としては一定の意味がありますが、直接集客にはつながりません。法律に関する時事ネタを書くと、一番読むのは同業者です。専門的なテーマを設定して同業者内の評価を得るか、Q&A的なテーマを設定して大量の記事を作成し、一般人に対するSEO対策とするか。いずれにせよ、**意識的な戦略設定が必要**です。

②　ツイッター

短文であることもあり、また多くの優れた書き手のいるメディアであるため、突出した個性を発揮できる場合を除いて集客をすることは難しいです。他方で、興味・関心の近い弁護士と交流を図るには便利なことがあります。判例や書籍の情報を早くかつ的確に発信するアカウントを厳選してフォローするなど情報収集に徹するか、直接の集客を考えずに交友関係を広げることに使うか、どちらかがよいでしょう。なお、本書の企画も北先生の結婚もツイッターなしにはなかったであろうことを付言しておきます。

③　フェイスブック

使い方によります。フェイスブックページをうまく設計すれば、ウェブサイト的に集客につなげることができます。通常の使い方では、既存の交友関係を深める役には立ちますが、あまり集客にはつながらないでしょう。

Fukazawa's Answer

集客との関係では、あまり役には立たないと思いますが、他の効用があります。

独立以来、ウェブサイト経由で多くの事件の依頼を受けてきましたが、痛感するのは、「意外と弁護士を探している人は少ない」ということです。

弁護士会が、現在必死になって「こういうときは弁護士！」というような広報をしていますが、市民そして会社ですらも、ある業務が弁護士業務であるかどうか、ということには驚くほど認識がなく、興味ももたれていません。

病気になれば病院で医師の治療を受けるということは常識ですが、法律問題（そもそも法律問題だとの考えに至らないことも多いですが）は弁護士に、ということはさほど常識になっていません。非弁業者が横行しているのも、このような現状が原因と思われます。

病気と医師の関係に例えれば、「そもそも病気なのに本人がほとんど病気に気が付かない。仮に病気だとしても病院に行くという発想がない。それなのに、なぜか自称超能力者のところに頼みに行く」というのが実情なのではないかと思います。

ですから、弁護士としての自分をアピールしても、そもそも弁護士を探している人は少ないのですから、集客という観点では、あまり効果はないと思います。

一方で、**集客効果は期待できなくても、弁護士や他士業の知り合いをつくるというSNS本来の効果は期待できます**。やはり弁護士業は情報産業であり、ノウハウの有無が重要な面もありますから、同業や隣接士業の知り合いは、増やしておくに越したことはありません。

また、ブログなどで法律知識、情報を投稿するという行為は、投稿する以上は適当なことは書けないわけですから、「自分のための備忘、まとめ、そのために勉強する」といった効果も期待できます。

SNSやブログは、仕事を増やすというより、仕事のクオリティ向上、幅を広げることに役立つと考えています。

なお、「ネタ」をどの程度混ぜるかですが、それは、反応を見ながら読者層に応じて、ということになるかと思います。ネタを混ぜたからといって、それだけで変な弁護士と思われることは少ないと思います（私が気が付いていないだけでしょうか？）。

Mukouhara's Answer

① 結論

- ブログは集客に役立ちません。
- フェイスブックは、人のつながりの構築に役立ちます。
- ツイッターは、あまりしていないので、わかりません。

② 役に立つか

いずれも、自分が日頃漠然としか考えていないことを整理して、データベース化するよい機会になると思います。それが、回り回って、仕事に応用・活用できることもあります。また営業上、自分の考えを知っておいてもらうのは悪いことではありません。

フェイスブックは、人的関係の構築に際し、名刺交換だけでは実現できない継続的な連絡の手段として好適と考えます。実際、相談依頼がフェイスブックを通じて来たりします（ただし、フェイスブック上での相談はお断りしています）。

③ 危険性

業務内容そのもの（特に係争中のもの）は絶対に書けませんし、業務に近いことはどこまで書いてよいか、という問題が常につきまとうと思います。

また、プライベートを書くと、「あいつはサボっているのか」と思われかねないので、注意が必要です。

Q44 駅の看板に広告を出すことの効果はどの程度か？

Tabata's Answer 駅の看板については、個人的には**費用対効果が悪すぎる**と考えています。効果はゼロではないですが、思ったより小さく、検証した限りでは年間３～４件受任できればよい方という感触でした。それなりの駅のものだと、製作費も入れればおそらく年間50万～100万円の経費がかかりますが、少なくとも独立したてで１人で事務所を経営している弁護士が出すには費用対効果が悪いという印象です。ホームページの更新に費用を投じた方が、継続的な高い効果が得られそうです。

⑩ その他手法の広告宣伝

セミナーの講師、書籍の執筆等は集客につながるか？

Fukazawa's Answer　集客にはあまりつながりませんが、受任にはつながります。

企業や政党・議員等向けのセミナー講師や、一般向けの書籍、記事の執筆、報道番組等のテレビ出演などをしてきましたが、それによって問い合わせが来たというのは、それほどありません。

一方で、セミナーにしろ、書籍にしろ、テレビにしろ、やるからには当然に公にするに堪える程度のことは書けるように、いえるように準備します。

書籍もセミナーも、よくいわれていることかもしれませんが、**一番勉強になるのは読んだ人・聞いた人より書いた人・話した人**だと思います。

そういう準備を通じて、実力と自信をつけることができれば、おのずから相談スキルも向上して、受任につながるのではないでしょうか。

また、セミナーにおける質問や、執筆における編集者とのやり取りは、一般市民つまり需要者、利用者が何を疑問に感じているのか、何が不安なのかということを把握するのに役立ちます。特に私の場合、新書を執筆したときに「法律家の留保付きの見解はあまりウケがよくない」ということは痛感しました。ただ、だからといって安易に断定するわけにはいかないのが大変なところですが。

さらに、これは会社や法人等の組織の場合に特有なのですが、担当者が自分に依頼したいという意向を示していても、会社内部での合意が必要になります。その際に、その分野でセミナーをしている、本を出している、テレビで解説もしたことがある、というのは、その合意をとるためにはそれなりに有力な材料になっているようです。

まとめると、集客にはあまりつながりませんが、受任においてはそれなりの効果が望める、というのが私の実感です。

独立開業後の不安
――事務所の経営・運営

01 開業時から現在まで、売上げはどう変化し、その変化にどのように対応したか？

Kita's Answer 開業時から現在に至るまでの売上げは、大体毎年500万～1,000万円程度ずつ増加しています。**そういった意味では右肩上がりといえるとは思います**。

もっとも、開業初年度の売上げがノキ弁時代よりも減少したという特殊事情があることから、増加を続けているのは当たり前ともいえます。

私の場合、開業後３か月間は黒字でしたが、４か月目以降はそれ以前の売上げの中心であった法テラスとの契約を解約したことから売上げが減少し、８か月間ほど赤字かプラスマイナスゼロという状態となりました。なお、赤字には従前からの貯金で対応しました。

その後、紹介を中心とした新規案件が増加していったことから、赤字が続くという状況からは解放されました。もっとも現時点でも経営が安定しているとは口が裂けてもいえず、単月では赤字の月もあります。

Tabata's Answer 売上げが経費を下回ったことは、幸運にして年単位では一度もありません。しかし月次の売上げは事件の進捗によって大きく左右されるので、月単位では下回ることがときどきあります。

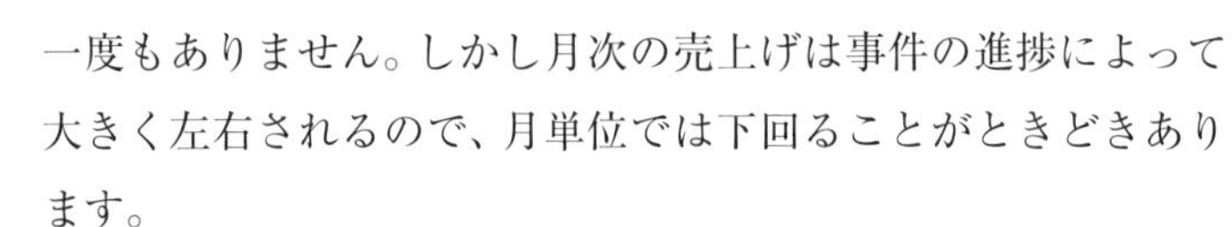

売上げは、最初の３年はそれなりの勢いで伸びて、その後は微増か頭打ちといえる状況が続いています。そうした意味では、当初軌道修正は不要だったのですが、頭打ちの時期に問題となったこと（ホームページからの飛び込みの依頼者の減少、弁護士会や区役所の相談配点の減少、ないしは受任案件の単価の減少）については経営方針の軌道修正が必要でした。

具体的には、**一見の客への依存度を可能な限り下げ、紹介ルートを開拓**することに大きなエネルギーを注ぐようにしたのです。その結果、飛び込みや弁護士会相談からの受任者および売上げは減っているものの、顧問先の増加などにより全体の売上げは微増しています。

Mukouhara's Answer　売上げは、上がるときもあれば、下がるときもありました。ただ、売上げが経費を下回ることはありませんでした。つまり、**「赤字」ということはありませんでした。**

ただ、売上げが下がったときは、その原因を究明し、お金の流れを整理して、対策を立てるようにしています。

02 ランニングコストに対応するため、固定収入は非常に重要だと思うが、新規の顧客から信用を獲得するための工夫とは？

Kita's Answer ランニングコストに対応するために必要なのは固定収入だけではなく、先の読める収入になるかと思います。顧問契約のように毎月定額の収入がある場合だけではなく、「個別の事件が月に何件か来ることが予測できる」状態であってもランニングコストには対応可能です。そのため必ずしも固定収入にこだわる必要はないと思います。

それはともかく新規の顧客から信用を確保する手段ですが、これは誰の信用を確保するかという部分も多少は関係するかと思います。個人の顧客を狙う場合と、小企業の顧客を狙う場合と、中規模以上の企業の顧客を狙う場合とでは信頼を得る対象が異なりますし、顧問契約を狙うのか個別の事件の受任を狙うのかによってもまた異なると思います。

まず、**①迅速な対応、②こまめな報告と相談**は、相手方の属性を問わず信用を確保する手段として最も優れていると思います。正直なところ、個別の弁護士の仕事内容の優劣については、顧客には判別がつきにくいといえます。一方で、対応の迅速さや報告の有無については、依頼者の安心感に直結することから、信用を獲得する手段としてきわめて優れているといえます。

なお、小企業を顧客とする場合、信用を得る相手は社長（代表者）となりますが、中規模以上の企業の場合は、顧問契約を目的とするのであれば社長、個々の案件を狙うのであれば部長（管理職）の信用を得ることが近道になると思います。

Tabata's Answer　いろいろな方法があると思いますが、こればかりは人それぞれであり、決まった方法というのはないのではないでしょうか。私自身、大きな会社の顧問をどんどんとっていく方はうらやましい限りでその域には達することはできませんが、「**尊敬できる人となるべく多く知り合う**」という積極面と、「**一度仕事でかかわった人の信頼を失わないようにする**」という消極面の組み合わせと考えています。

03 イソ弁時代に個人事件がないと苦しいが、個人事件がない状態で独立すると、経営が軌道に乗るまでどのくらいかかるか？

Kita's Answer 経費をどの程度抑えているかによります。もちろんイソ弁時代に個人事件があるに越したことはありませんが、仮に経費が月10万円で済む状態にしてあるのであれば、開業当初でも、着手金30万円の離婚事件を月２件受任できれば事務所を維持したうえで生活ができてしまいます。事件が回るようになって成功報酬が入るようになれば、適正単価の新規事件を月に１件受任することができれば、極論すれば生活ができてしまいます。

逆に経費をそれなりにかけているのであれば、一定以上の件数が必要となることから、経営を軌道に乗せるまでの時間もそれなりに必要になってしまいます。やはり開業当初は経費を抑えておくことが、早期に事務所経営を軌道に乗せるための肝になるのではないかと思います。

とはいうものの、事務所を経営していくうえで困難な状況が発生した場合、**「手元にキャッシュがある」という状況は精神の安定にきわめて強い効果を発揮**します。そのため、可能であればある程度のキャッシュを手元にもった状態で独立することをお勧めしています。

1 売上げと事務所経営

04

生活に必要な額の売上げ達成にどの程度の期間がかかったか？

Noda's Answer　幸いなことに開業初月から生活費を含めた必要な売上げに達していました。

勝因としては**事務所経費をかなり抑えていた**こと、重大事件の私選の刑事弁護があったこと、もともとそれほどお金のかかる生活をしていなかったことが挙げられます。

費用が安く、即効性の高い広告手法をいくつか最初から取り入れることも売上げ達成に効果的かと思います。

05 売上げとの関係で、国選・法テラスをどのようにとらえているか？

Noda's Answer **国選については、法科大学院で刑事弁護を教えていることもあり、続けています**。また、結果が出るのが民事より早いこともあって、モチベーションを維持しやすく、比較的楽しく行っています。売上げとの観点からいえば、民事法律扶助で調停を受けるよりはマシという水準でもうかりません。

民事法律扶助については、売上げのためではなく、ボランティアだと割り切って、ボランティアとして許容できる範囲にとどめるようにしています。このため、扶助相談は広く受けますが、受任については救護施設入所者等に限定することとしています。分割払いや成功報酬型など、代理援助を利用しなくても受任する方法はありますし、方法を工夫すれば支払いのできる人に対して、通常報酬の半額以下で受任するべき理由がありません。

なお、法テラスとの契約上、援助要件にあたると思われる者に対して私選契約を勧誘することについては地方事務所長の承認を要するとされていることから、注意が必要です。

Mukouhara's Answer 現在、法テラスとは、民事・刑事いずれも契約をしていません。したがって、国選事件はゼロであり、また、民事法律扶助についてもゼロです。

民事法律扶助に絞ってお話しすると、契約を完全にとりやめたのが平成26年ですが、その前にはほとんど民事法律扶助を利用する案件がなくなっていました。これは意識的になくしたわけではなく、仕事が増えていくうちに、民事法律扶助の事件を受けるだけの時間がとれなくなったからです（民事法律扶助の報酬が低廉であることに嫌気がさしたわけではなく、これを利用するための書類集めや法テラスのための事務処理の

多さにへきえきしたことも大きな要因です）。

ところで、民事法律扶助をやめることで、いわゆる「費用を一括払いできない方」、「弁護士費用の負担が難しい方」からの事件が受任できないのではないか、との懸念がありうると思います。

しかし、そのようなケースは、契約時に分割払いとしたり、費用の積立てをしてもらうなど、**代替策はとり得る**と思いますし、法テラスよりも柔軟な方法がとれるので、依頼者にとっては、煩雑な法テラスの手続きを介してまで法テラスを使う必然性は、どこにもないと考えています。

Q06 報酬のとり方・平均単価について意識しているポイントは何か？　開業後すぐ高い報酬を設定すると仕事がとれないのではないか？

Kita's Answer　そもそも、開業後すぐ高い報酬を設定すると仕事がとれなくなるという前提が正しいのかについて疑問があります。事件類型にもよりますが、顧客のほとんどは弁護士を金額で選んでいないというのが実感です。そのため、単価を落とせば仕事の獲得が容易になるかという点には疑問があります（第３章Q40参照）。

もっとも、**平均単価については、不当に下げないことは大前提ですが、不当にとりすぎないことも大切であると考えています。**１件１件で大きく稼ごうとせず、事件の報酬は次の事件の紹介というイメージでいるとよいのではないかと思います。経費さえかけすぎていないのであれば、旧報酬基準をベースとした報酬を受領している場合、そう簡単に事務所経営に行き詰まることはないのではないかと考えています。

なお、私の場合、値引きをしない代わりに分割払いを柔軟に認めていますが、これは紹介中心だからという面もあるとは思います。

Tabata's Answer　ほとんどの方は「**安くしすぎて後で苦労する**」パターンになるので、「よほど特殊な事情がない限り、ある線より安くしない」ことを守るべきです。具体的な線というのは事務所の経費によっても変わってくるので、「旧報酬基準の少し下」あたりで判断するのでしょうが、少なくとも法テラスのような基準で受けることはお勧めできません。

もう１つ大事なことは、報酬がいくらかという問題ではなく、「依頼者に打合せの場でしつこくいわれて価格を下げてしまう」という行為はそれ自体が問題です。値段を下げて「依頼者に喜ばれる」というより、「その程度の弁護

士なのだ」と思われる面の方が強いことは一瞬も忘れるべきではないと考えます。

また平均単価という指標には汎用性がありません。破産のように多少安くてもすぐ申し立てられるものや、遺産分割のように安くすると泥沼に入り込んだときに大きな負担になるものもあります。

また、扱ったことのない分野や、つながりをつくりたい企業など、「値段はともかくやっておきたい」事件も存在します。そのあたりのさじ加減はトータルで見ていくしかないと思います。

Q07 報酬基準は日弁連の旧報酬基準を踏襲しているか？平均単価と事件数のバランスはどうか？単価を上げるためにどのような戦略があるか？

Kita's Answer 報酬基準については、９割程度はいわゆる旧報酬基準を踏襲していますが、旧報酬基準よりも高額に設定している事件類型もあり、反対に旧報酬基準より低額に設定している類型も一部とはいえあります。

単価については、旧報酬基準を前提として、個々の事件における報酬を収入の基礎とする場合、結局のところ、事件の規模（請求額）が大きい事件を受任するしか単価を上げる方法はないと思います。この場合、仕事の紹介ルートの質をいかに高めるかというところが重要となります。

対して、専門性を前面に打ち出すことにより報酬が高額であることの理由付けをするという戦略もあると思います。

なお、法テラスを利用する理由として、資力のない人の事件を受任したとしても、報酬をとり損ねることがないという面があると思います。しかし、法テラスを利用した場合の弁護士報酬は通常価格の30～50％程度になってしまうことも珍しくなく、保証料として報酬の50～70％がとられてしまうと考えると、保証料としては高すぎると思います。通常の商売として考えた場合、それほど高額の保証料をとる会社は存在しないでしょう。

単価アップを目指すのであれば、勇気をもって法テラスとの契約を切ることも必要かと思います。

どちらにしろ、**弁護士の費用は低額であれば顧客満足度が高まるという性質のものでもない**ことから、安易な値下げをすることは間違いであると思います。

Noda's Answer　日弁連の旧報酬基準を標準としています。

原則として、ディスカウントしておらず、平均単価と事件数は不満のない水準で落ち着いています。

例外として、顧問先については月額の顧問料に応じた割引率を定めて適用しています。

客単価を上げるための戦略としては、完全成功報酬型の導入、分割支払い、クレジット支払いの許容、出張相談料の支払いを受けての出張相談の実施などを取り入れています。

また、**費用相場の形成されていない分野に積極的に**取り組んでいます。

Q08 利益率のよい事件・悪い事件の保有割合で、事務所経営の点から、気を付けるべきことはあるか？

Tabata's Answer

月によって売上げが上がる月と、上がらない月があります。しかし、事件は1年単位で係属するものですから、細かい上下を見ることは経営的にも意味がありません。これをミクロで考えすぎると、「今月は売上げが上がっていない。赤字だ」という不安に襲われます。そうしたときに、本来受けるべきではない費用対効果の低い事件を受任してしまったり、受任できないかもしれないことが不安でディスカウントしてしまったりします。これが長期的には自分自身へのダメージになってきます。

となると、1件1件を凝視するより、経営全体を長期的に見て、「この事務処理の大変さでこの金額の案件は受けるのは控えよう」と考えることが必要になってきます。**常に一歩引いた冷静な判断**が必要となるでしょう。

Fukazawa's Answer

事件処理の総量には限界があること、手持ちが多くなればなるほど、特に処理の限界に近づくと、仕事のクオリティに悪影響が出ること、それを忘れないことです。

利益率の悪い事件ばかり受任すると、事務所が経営できなくなってしまいます。1日16時間働いても経費を賄うことができないのであれば、それはもはや仕事ではないと思います。

ただ、一方で、利益率がよい事件ばかり「選り好み」をするというわけにもいきません。そもそもの問題として、そのような事件はさほど多くはありませんし、受任時に見分けることも難しいでしょう。

心がけとしては、余力があるときには、利益率の悪い事件でも受任を心がけ、そうでないときは逆にするというのがよいでしょう。利益率のよい事件というのは、要するに報酬が相当にあるということですから、そういう費用負担をする依頼者を優先することは一種の誠意でもあると思います。

ただ、気を付けなければいけないのは、利益率の悪い事件でないと得られないスキル、ノウハウもあることです。例えば、係争額が少額で報酬も低く、和解へのインセンティブがない事件などがありますが、このような事件でないと得られない技術もあります。顧問先の依頼であれば、当然、利益率の悪い事件でも受任することを期待されていますから、このような事件は一切受けないからそのような技術は自分には必要ない、ともいえません。

ですから、上記で述べたような事務所経営上の制限はあるとはいえ、**利益率の悪い、難事件というのも、いくつか経験しておくことをお勧め**します。

09 紹介による場合に値下げを検討するか？

Kita's Answer ケース・バイ・ケースですが、基本的には考えません。むしろ紹介の場合は当初から依頼を前提としていることが多いので、ことさらに値下げをする必要はないと思っています。労働集約型である弁護士業務において、**値下げは単純に自らの首を絞めることになる**と考えます。

もっとも紹介案件においては、弁護士費用の長期分割を比較的受け入れています。紹介に基づく最低限の信頼関係が根底にあることから、不払いのリスクがあまりないと考えているからです。実際に紹介案件において途中で支払いがされなくなったことはほとんどありません。

Noda's Answer 紹介による場合でも、**原則として値下げはしていません。**

初回相談料を無償とする程度です。

紹介の依頼者に対しては、通常の依頼者よりも高いレベルのケアが必要となる場合が多いことから、着手金・報酬金を値下げすることは合理的ではないと考えます。

紹介によって費用が安くなることを意図して紹介してくる者の期待に応えることは、長期的に事務所の価値を毀損します。

仕事の質によって紹介を得られることを目指すべきです。

2 事務所の経営形態

事務所を法人化しているか？

Tabata's Answer　支店がある関係で事務所を法人化しています。ただ、法人化は**厚生年金の支払いというデメリットや、自身の報酬をフレキシブルに決められなくなる問題**を含んでいます。この業界はほとんどが個人事業であるため、事務所スタッフにも厚生年金の負担は理解されにくい一面があると思います。また経理に手間がかかり、税理士コストなどが上昇することも問題です。

したがって、自分のように法人化が必要なケースと「収益が上がりすぎて法人を使って管理したい」というような場合以外、法人化をする理由が考えられません。

Noda's Answer　現在は、個人事業であり、経費については私がいったん全額を支払った後で、売上げに応じて負担してもらっています。

以前は法人化していましたが、その時点でのメリットがあまりなかったのでやめました。収支の関係でいえば、法人の場合は報酬を売上げ比例させるわけにもいかず、固定給となることから節税が難しいこと、個々の弁護士が売上げを意識せず恒常的に売上げが必要額に達しない者が少なからず出たことなど、弊害が大きかったことが理由です。

なお、**法人にした理由は支店開設**です。現状で法人化する意義は支店開設以外にないように思います。

Mukouhara's Answer 法人化はしていますが、経費共同形態で行っています。すなわち、**法人は、対外的な契約を行うためのハコという位置付け**で、そのハコを維持するための経費を、パートナーと分担しています。

法人化した理由は、福岡と北九州という２拠点体制にするためです。それ以外の理由はありません。

2 事務所の経営形態

Q11 ２か所に事務所を設けた理由は？経費面ではどうか？

Mukouhara's Answer パートナーが北九州に定着している一方で、福岡に出張する機会が多かったこと、逆に、私が福岡に定着している一方で、北九州の案件が増えつつあったことから、相互に拠点を利用できるようにしたかったこと、および、それぞれに拠点を設けることで、電話会議システムを利用したり、あるいはそれぞれの拠点に常駐する弁護士に実働を任せたりすることを考えていました。

確かに、２拠点を設けることにより、開業時の経費は余分にかかりますが、福岡・北九州間の**移動を減らすことによる経費節減・業務効率化**という狙いをもっていました。

②　事務所の経営形態

複数の地域に事務所がある場合、経営方針を決める会議はどのように行うか？

Mukouhara's Answer　**①所属弁護士全員の会議（弁護士会議）と、②パートナーのみで形成される社員弁護士の会議（パートナー会議）**とに分けられます。

対外的業務執行の意思決定は②で行います。

①は、②で決まったことの周知だけではなく、日頃の業務の中で出てくる課題を出し合って議論し、意見を形成していく場と位置付けています。ただし、この弁護士会議で出てきたことがそのまま執行されることが多いです。

こうした会議体の設定に際し、気を付けなくてはならないと感じたことは、２点あります。

１つは、最終的な業務意思決定はあくまでも②で行うべきものであって、①で行うものではないのですが、そこが曖昧になりやすいということです。したがって、①②の位置付けをしっかり意識して運営することが、代表者には求められると考えます。

もう１つは、①の会議であまりにも多くの意見が出すぎると、法人経営の指示体系が狂うおそれがあるということです。例えば、事務局の増員という課題があるとして、これは法人全体の問題ではあるものの、個々の弁護士の負担が増加することにつながるので、反対意見が出やすく、経営上必要であっても執行できないという事態につながる危険があります。

①のような会議体を設ける場合は、経営課題の執行の妨げにならないよう注意することが必要です。

Q13 パートナーを選ぶ基準とは？

Kita's Answer これについては、パートナーとどのようなパートナーシップを組むかによっても異なると思いますが、順序をつけるとすると、

① 同じ事務所内にいてストレスにならないか
② 事務所経費に対して、パートナー全員が経費を過大な負担と感じないほどの売上げがあるか
③ 相互に仕事の分担が可能か

の３点が重要ではないかと考えます。

パートナーとの関係性については、基本的には経費共同としている事務所が多いと思いますが、収入共同の事務所においても考え方そのものは同じであると思われます。

まず、弁護士の仕事は長時間労働になりやすいこともあり、事務所のパートナーは場合によっては家族よりも長い時間一緒にいることになりかねない相手です。加えてストレスの有無は仕事のクオリティにもかかわるため、パートナーが誰かということは、自分の生活のことを考えてもきわめて重要です。**まずは一緒にいてストレスのない相手であることが大切だと思います。**

その次に、事務所の経費割合に比して各人の売上げに余裕があることが重要だと思います。基本的に事務所の分裂原因としては金銭的な不満が多く、金銭的な不満のほとんどは経費の負担感が重いということが多く見受けられます。対して、パートナー間で売上げの差異があること自体はあまり争点にならないことが多いように見受けられます。そのため、全員が経費の負担をそれなりに軽く感じることができる程度の売上げを上げられる状態にあることが望ましいと思います。

最後に、単なる繁忙期以外にも仕事上連携ができるパートナーであれば、事務所としての戦力が上がり、顧客に対するアピールになるだけでなく、お互いがお互いに対する仕事の紹介元になることから、強力なパートナーシップを築くことができるのではないでしょうか。

Tabata's Answer　**性格的な部分が第１**だと思います。お金の話をする、場合によっては広告戦略や人の雇用も一緒に行うというところでは、どれだけ互いに真摯に議論をするとしても、「完全に納得してはいないけれど譲歩する」という姿勢が必要ですし、「相方も同じようにいろいろと譲歩している」という点についても忘れないことが重要だと考えています。どうしても「できる人」をパートナーとすることを考えがちですが、事件処理が上手な先生の中にも（むしろ「それゆえ」か）人間的に自己中心的な方が一定数います。そのストレスたるや半端ではないうえに、パートナー解消には多大なエネルギーを消耗するため、性格面での温厚さ、視野の広さは、仕事の能力よりなにより最も重視すべき点だと思います。

ただ、仕事についてはどうでもよいのかというと、そうではありません。問題のある事件処理をして、クレームの電話が鳴り響いているような事務所では問題ですし、事務所の看板に傷がつくことは自分にとってもダメージなので、第２の要件として「（最低限）信頼できる仕事をする」人であることは必要です。

第３に「コミュニケーションのとりやすさ」が重要です。ちょっとした話し合いで解決できる問題でも、簡単に話ができないと仰々しい話し合いになってしまいがちです。年代が離れた人とのパートナーシップには、互いによい人間であったとしてもこの問題がついて回ります（年が離れていても友人としてざっくばらんに話せる、という関係なら何の問題もありません）。

話しにくいことを「ゴメン、実は○○なんだけど、こうしてしまってもいいかな？」というように気楽に話すことができるハードルの低さが、事務所内のトラブルを未然に防ぐことにつながるように思います。

同期２人での共同経営でよい点・悪い点は何か？

Fukazawa's Answer　よい点は、対等の立場で意見をぶつけ合える、その結果、仕事のクオリティが上がりやすいということ、悪い点は、「同期」なので、自分がわからないこと、経験のないことは相手も同様であることが多く、そういう意味では「頼り」にすることはできないということです。

上の期の弁護士との共同経営も考えましたが、期の差が小さければ、結局同期と実質的に変わらない、ただ「上の期」ということで余計な気を使いそう、ということになってしまいます。また、あまりに期が上だと、実質的にボス弁のような立ち位置になるかもしれない（！）ので、やはり不安が残ります。

ですから、近い期で複数という形がよいのではないかと私は思います。

弁護士としての経験、スキルがほとんど変わらない場合であっても、書面や方針を見てもらえるというのは、かなり有用です。安心感も大きいですし、書面には「書いている本人には気が付かない点」があります。自分１人で２時間かけて書面をつくるより、**１時間で書面をつくり、それをもう１人に20分くらいでレビューしてもらった方が、クオリティは上がる**のではないでしょうか。

どんなに小さい事務所でも、弁護士１人となると経費効率も悪化する場合が多いでしょう。例えば、ITを駆使すれば、弁護士と事務局の割合を２：１にしても事務所は十分に回りますから、そうすれば、経費の合理化を図ることができます。

仕事のクオリティや安心感のためにも、経費の合理化の観点からも、積極的に複数弁護士での開業を検討すべきだと私は思います。

② 事務所の経営形態

共同経営の場合、経費の分担（または負担）はどのように考えるべきか？

Kita's Answer

これも事務所によってまちまちであると思います。当事務所の場合は、対外的な契約の主体はすべて私であり、純粋に事務所の維持に必要な経費を算出のうえ、大体の割合（６：４程度）でパートナー間で分担しています。対して、人数割りという事務所もあると聞いています。事務所によっては売上げ比例というところもあるようです。

なお、経費の分担が原因で分裂している事務所をよく見かけますが、**問題が生じるのは分担の方法というよりも経費の負担感が原因であることがほとんど**であり、経費の額に対し、パートナー全員が相当程度以上に売り上げていることが事務所円満の秘けつの１つであると感じます。

Noda's Answer

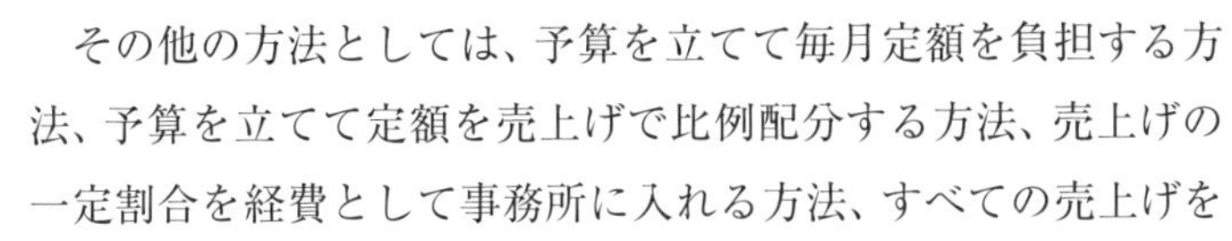

現在は、各月の経費をいったん私がすべて支出した上で各人の売上げにより比例配分しています。

その他の方法としては、予算を立てて毎月定額を負担する方法、予算を立てて定額を売上げで比例配分する方法、売上げの一定割合を経費として事務所に入れる方法、すべての売上げをいったん事務所に入れてそこから支出を行い各人は給与類似の方法で支払いを受けて一定期間で精算を行うなどの方法があります。各人の売上げには波があるほか、仕事をセーブしたいライフイベント（妊娠・出産・育児・介護・留学等）の発生に配慮しつつ、**モラルハザードを起こさない仕組みを考える必要**があるでしょう。

なお、共同経営の具体例については、小松亀一法律事務所のホームページ（http://www.trkm.co.jp）で詳しく紹介されています。

Q16 他の事務所と合流しようと考えたことはあるか？

Kita's Answer 抽象的に考えたことはありますが、具体的に検討するまで至ったことはありません。個人的には法律事務所のM&Aはもう少し盛んになってもよいと考えていることから、この点に関する情報交換のためのサービスがあってもよいのではないかと考えています。

なお、個人的には法律事務所だけではなく、**他の士業の事務所との合流も検討に値する**と考えています。場合によっては法律事務所だけの合流よりもメリットが大きいのではないかと思います。

Tabata's Answer 合流しないかと提案されたことはあります。しかしながら、当事務所のような地域密着型の場合、特に合流するスケールメリットもないですし、都心ではないのでシェアできるインフラにかかっているコスト自体がもとから大した金額ではありません。得られるものはないと考えてお断りしました。

ここは一般的に考えて、「なぜ独立したか」という問題にもかかわるのですが、「好きなようにやる」ことが独立したことの目的だとすると、合流はやはり選択できないと思います。ただ、そうした点よりコスト面のメリットを重視する、という立場でしたら、**状況次第では合流も有力な選択肢になり得ます。**

3 事務所内の業務管理

Q17 顧客情報や事件の進捗状況等の共有・管理はどのように行っているか？

Tabata's Answer　進捗状況についてはDropboxなどを使用していますが、まだ試行錯誤中です。事件データを共有するクラウドサービスのDropbox内に各弁護士作成の進捗表を入れてもらい、それを確認する方法をとっています。**顧客情報についてもDropbox内にリスト化しておき、それを利益相反チェックに使う**ようにしています。

Noda's Answer　**顧客情報については、利益相反確認の観点から共有しておく必要**があります。また、その際に共有しておくべきデータは顧客に限られず、相手方はもちろんのこと、顧客の親族や証人の氏名等も含まれます。当事務所では、サーバ上に氏名データベースを構築して直ちに検索できるようにしています。弁護士１人・事務局１人の体制であればMicrosoft® Excel®やGoogle スプレッドシート™で足りるでしょうし、ある程度の規模まではMicrosoft® Access®やGoogle Fusion Tables™で対応できるでしょう。

進行管理については、まだまだ試行錯誤中ですが、現在はAsanaを使ってタスク管理システム上で共有しています。理想的には、工程管理システムのようなものが開発できるとよいのでしょう。

Q18 業務上、IT関係（スケジュール管理、書面作成、クラウド利用等）で活用しているものは何か？

Tabata's Answer まず事件データの共有のためにDropboxの有料プランを使用しています。事務所全体の過去事件の音声・動画を含めたデータが150GB程度。月額1,000円（年間払い）のプランで1,000GBの容量があるので、しばらくはこれで大丈夫かと考えています。

書面についてもDropbox内での共有が原則です。

予定に関しては、Google カレンダー™を使用しています。それ以外にもGmail™、やメーリングリストを使っています。Google フォト™も私用の写真管理に使っているのですが、出先で参照したい書面を写真に撮っておいて整理するという使い方もできるので便利です。また、名刺管理のEightと会計ソフトのfreeeも活用しています。

Noda's Answer Google Apps for Work™を契約して、スケジュール管理にGoogle カレンダー、起案原案作成にGoogle ドキュメント™を使用しています。メールもGmail を独自ドメインで使用しています。

クラウドストレージとして、Google ドライブ™も使っています。その他、所内のタスク管理にAsanaを使用しています。業務上必要なちょっとしたツール類は、Google Apps 上に構築しています。

また、インターネット経由のサービスとしては、050 plus for Biz + Arcstar Smart PBX、BizFAX、HelloFax、HouBoxなどを利用しています。

3 事務所内の業務管理

Q19 弁護士が複数いる事務所で、ホームページ経由で依頼が来たら、どのように受任者を決めているのか？

Noda's Answer

専門性の観点で特定の弁護士が対応せざるを得ない場合や、指名がある場合は別として、**基本的には相談に早期に担当できる弁護士が対応**することにしています。１件ごとでは偏りが生じるかもしれませんが、中長期的には均衡するものと考えられるからです。

Fukazawa's Answer

話し合って決めています。基本的には**適性、専門分野で最適な弁護士に決めています。**

弁護士が複数いることのメリットは、依頼者に対して、「最適な弁護士が担当できる」ことです。

ですから、分野により、誰が担当するか、共同受任にするか、主任（連絡担当）は誰にするか、ということを話し合って決めていますし、これが依頼者にも最もメリットが大きいと思います。

一方で、そうすると受任数の偏りが出てきますが、そのような場合は、随時、共同受任にしていく、あるいは、受任数の少ない弁護士の得意分野について、重点的に広報等の受任数増加のための努力をするなどして調整をしています。

基本的には、この方法が最適だと思いますが、一方で、重点取扱分野が重なっている、あるいは受任数があまりない弁護士同士で共同事務所を運営する場合には、数量で順番に割り当てるか、報酬が同額になるようにするなどの工夫が必要になると思います。

ただ、ウェブサイト経由の問い合わせは、あまり真剣でないもの、例えば「無料でメールでちょっと聞きたいだけ」といったものもあります。こういったものは除外するなど、弁護士間で事前にしっかりとルールを決めておくべきです。

Mukouhara's Answer　マニュアルを用意しています。ひと言でいえば**輪番制**です。

すなわち、A弁護士・B弁護士・C弁護士……という順序を決めて、A弁護士が電話をとって、相談に至れば、その次の電話による相談・受任機会はB弁護士に、というようにしました。これは、受任機会の公平性を保つための１つの方法ですが、相談で終わった場合には、それで次の弁護士に順番が回ると、不公平ではないかとも思えます。幸い、これまで事務所内で不公平などといった問題は起きませんでしたが、ほかにもさまざまな方法があり得ると思います（例えば、当番日を設けて、その日はA弁護士の受任機会にするなどの方法も考えられるでしょう）。

④ 経営者としての業務

Q20 経営・営業・雑務に どの程度の時間・労力をとられるか？

Kita's Answer　開業当初と現在では異なります。開業当初は時間をとられたといっても業務時間全体の２割程度ではなかったかと思います。

現在では４割程度は時間と労力をとられていると思いますし、今後はより経営・営業等の比率が高まっていくものと思います。**この点は、その弁護士の業務に対するスタンスの差や事務所の規模等も影響する**ところでしょう。

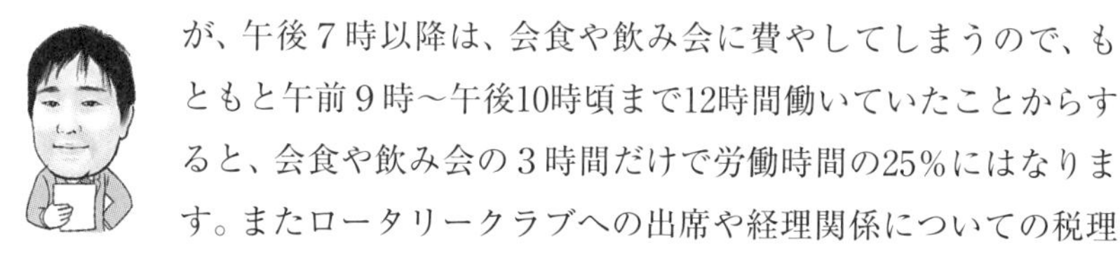

Tabata's Answer　私の場合は事務所２か所・イソ弁３人という規模ですが、午後７時以降は、会食や飲み会に費やしてしまうので、もともと午前９時～午後10時頃まで12時間働いていたことからすると、会食や飲み会の３時間だけで労働時間の25％にはなります。またロータリークラブへの出席や経理関係についての税理士との打合せを考えると、３～４割程度でしょうか。さらに負担が大きいのが事務所全体の案件の進捗管理です。これは業務全体の２～３割を占めるので、最終的に**自分だけで働いていたときに比べると、実働は半分以下**になってしまうという印象です。

Q21 開業して生じた雑務とは具体的に何か？

Mukouhara's Answer **事務員の労務管理、会計処理関係やさまざまな意思決定**です。

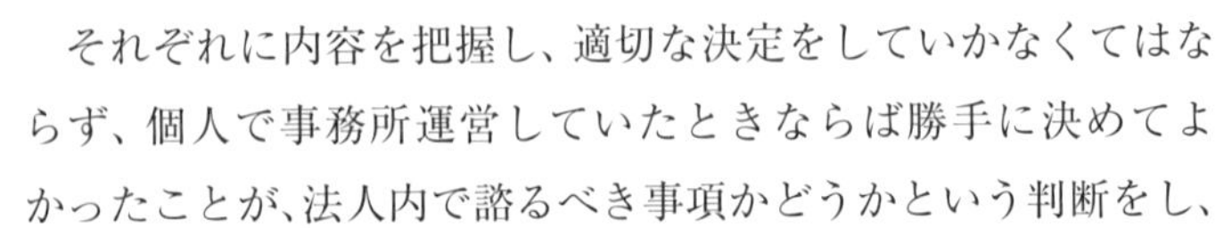

それぞれに内容を把握し、適切な決定をしていかなくてはならず、個人で事務所運営していたときならば勝手に決めてよかったことが、法人内で諮るべき事項かどうかという判断をし、もし法人内で諮るべきということになれば、そのために行う会議の内部資料づくりもする必要があります。この資料づくりは、結局、問題点や内容を把握している代表者が行うしかありませんから、代表者のこうした仕事は増加せざるを得ないといえるでしょう。

5 事務所経営の経理・経費関係

事務所の税務は税理士にお願いしているか？ 経理は事務局にお願いしているか？

Tabata's Answer　**事務所の税務は税理士にお願いしています**。経理の作業（経費の入力など）は事務局にお願いしています。

当事務所の場合は、私の給与、弁護士・事務局の給与、私の飲み代に至るまですべてオープンですので、その点については特段の方法をとっていません。これは法人であることからやむを得ないと考えていますが、個人事業の申告レベルであれば、弁護士が全部行ってしまっても大きな問題はないと思います。

Q23 パートナーが増えた際の理想的な経費分担は？

Noda's Answer 何をもって理想とするか、**どのような事務所を目指すかによる**でしょう。

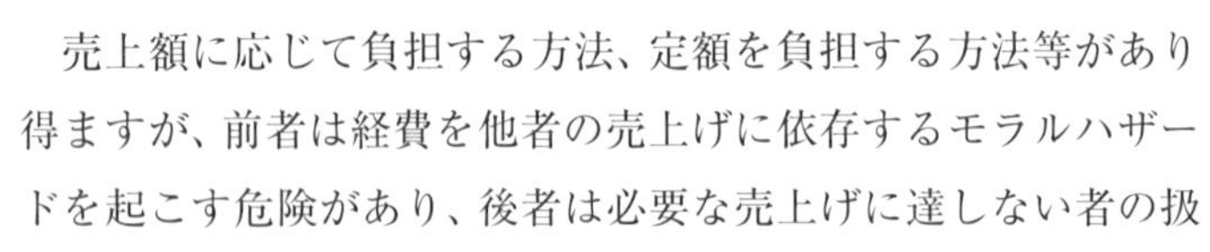

売上額に応じて負担する方法、定額を負担する方法等があり得ますが、前者は経費を他者の売上げに依存するモラルハザードを起こす危険があり、後者は必要な売上げに達しない者の扱いが問題となります。

結局は、パートナー全員のライフプランや事務所のあり方との兼ね合いで、いずれかを選択することとなるでしょう。

Mukouhara's Answer 経費分担に関し必ず注意すべきことは「**事務員は絶対に共同で雇用しない**」ということです。共同で雇用すると、事務員を多く使った、使わなかったというところで、不満が生じるからです。

したがって、理想的な費用の分担の方法としては、以下のとおりです。

① 固定費部分はそれぞれの専有面積に応じて分担する。

② 事務員については、弁護士１人につき１人雇用ということをできるだけ守る。

もしそれができず、弁護士複数名で１人の事務員を雇用する場合は、(i)事務員を多く使った、使わなかったという点での不満を絶対にもたない（割り切る）こと、または、(ii)分担範囲をきちんと決めておくこと、のいずれかが必要だと思いますが、(ii)は実際には難しいというのが、私の経験則です。

5 事務所経営の経理・経費関係

Q24 具体的な固定費額は？

Tabata's Answer　自分への給与を除けば月額250万円前後で、費目は下記のとおりです。

事務所賃料	計40万円（各20万円）
人件費	170万円
その他	40万円

Noda's Answer　月額50万円ほどです。

人件費が最大のときで社会保険料やボーナスの積立て等を含めて30万円、事務所賃料が８万2,000円、通信費が２万円、判例データベースが１万5,000円、書籍や消耗品その他の支出で10万円弱ほどという内訳となっています。

Mukouhara's Answer　事務所の固定費は、福岡事務所・北九州事務所合計で月額150万円前後です。

固定費の内訳は以下のとおりです。

- 事務所賃料　約54万円
- 人件費　約80万円（交通費・法定福利費を含む）
- リース料　約７万円

現在は法人のパートナーから負担金という形式でお金を徴収し、これを、固定費・流動費を含めた事務所の経費に充当しています。

固定費は、経営に強い影響を及ぼすので、低廉であるに越したことはありません。特にリースについてはもったいないので、コピー・ファクシミリ複合機は、最新鋭のものを狙うのではなく、必要十分なものにすることを心がけられた方がよいと思います。

Q25 税金や社会保険料について配慮していることはあるか？

Noda's Answer 中小企業倒産防止共済、小規模企業共済等の利用は大前提として、可能な範囲の節税に努めています。

健康保険料と年金の負担が月額４万円に達する頃から、事務局会社、その他の事業会社を設立することで、社会保険料・所得税・消費税それぞれの節約についてメリットが出てきます。**自身で制度をよく研究するか、税理士・社会保険労務士とよく相談して対策を決めるとよい**でしょう。

5 事務所経営の経理・経費関係

Q26 事務所開設後に気づいた思わぬ出費等はあったか？

Mukouhara's Answer　当事務所の場合は、思っていたほどはありませんでしたが、通常は、備品が足りていない、追加工事が必要になったなど、**思わぬ出費はあるもの**だと思います。

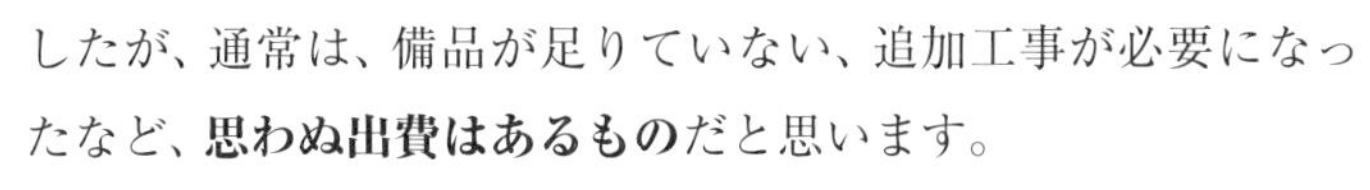

例えば、①開業準備時には気づいていなかった備品の追加購入（当事務所の場合、タイムカードレコーダーや事務員用の小物入れなどを追加で購入しました）、②照明が意外に暗かったことによる追加工事の発生などです。

また、当事務所ではそのようなことはありませんでしたが、電源コンセントの場所が悪いことに後で気づいて追加設置したり、LAN配線を後で追加したりするといったことはあり得ると思いますので、事務所の内装計画はしっかり立ててください。

経費を下げるための工夫をしているか？

Noda's Answer　当たり前に行っているうちに、もはや何が工夫か自覚できなくなりつつありますが、他の事務所との対比では次のような点が挙げられます。

① 複合機がない。

② 機器としてのビジネスフォンがない。

③ ファクシミリは原則として印刷されない設定としている。

④ 通信はIP電話による。

なお、**経費を下げることと支払額を減らすことは異なる**点に注意が必要です。

例えば、日本郵便は「Webレター」というデータを送信すれば印刷して郵送してくれるサービスを行っています。

料金はＡ４白黒印刷１枚が送料込み97円、１枚追加ごとに５円加算、上限４枚です。自分で同等のものを発送する場合、82円切手１枚に加えて、紙代、印刷代、宛名書き、封かん、差出しのコストが発生するほか、その使途を記帳する必要があります。それらが差額の15円で収まるとは思えません。押印できないという欠点はあるものの、単なる通信文であれば、郵便を差し出すより「Webレター」の方が安いということになります。

このような観点から事務処理を見直すと、節減すべき点は多くあることに気づかされます。簡易書留は原則として使用するべきではありませんし、内容証明は電子化すべきです。また、登記事項証明はオンライン申請するとよいでしょう。

Mukouhara's Answer　経費の中で無視できないのが、①無駄な紙のプリントアウト、②電話代などの通信費です。以下、これらを順に説明します。

①　無駄な紙のプリントアウト

書面のチェックは画面上で行います。もしくは、2アップ（1枚に2ページをまとめてプリントアウト）するなどして、極力プリントアウトを減らします。

また、ファクシミリは、無駄なものも少なくないことから、eFax（ファクシミリをパソコンのメールに送るサービス）へ届くようにしています。なかんずく、日弁連からのファクシミリは、例えば日弁連Newsは紙でもらう必要はありませんので、メール配信に切り替えています（日弁連に申し込めばメール配信に切り替え可能）。

無駄な紙のプリントアウトを減らすことで、シュレッダーダストの処分コストも減らすことができます。

②　電話代などの通信費

事務所から携帯電話への架電は、固定電話からではなく、なるべく話し放題プランで契約している携帯電話から発信するようにしています。

また、固定電話についても、遠方にかけることも多々あるので、ひかり電話（光IP電話）にしています。

Q28 人件費のために借入れをしている弁護士をどう思うか？

Kita's Answer 戦略の有無によります。借入れを行うとランニングコストは上がりますが、一時的なキャッシュフローには相当な余裕ができますし、現在の低金利状況からすると、無理のない返済計画が立てられる可能性があり、借入れの目的が明確であれば、借入れを行うことも合理的であると思います。**実際にキャッシュフローに余裕があるという状況は、精神を安定させるうえでは相当な効果を発揮します。**

もっとも、事務所の経営を考えるうえで重要なのは、開業時のコストよりもランニングコストです。そのため、明確に返済の予定が立てられるという状況以外、借入れを行うことでランニングコストが上がりますので、個人的には避けた方が無難ではないかと思っています。

借入れをしなければ人員を確保できない状態なのであれば、借入れをする前に現在の人員で対応できる範囲で堅実な経営をした方がよいのではないかと考えます。

6 事務局の雇用・業務関係

Q29 事務局の採用方法は？

Noda's Answer　最初の事務局は従前からの知人を採用しました。長く働いてもらいましたが北先生と結婚して、滋賀と東京の距離もあり、辞めてしまいました。

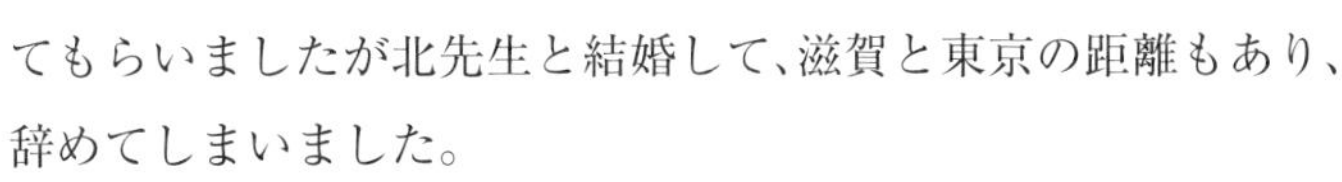

その後、いろいろな採用方法を試しましたが、現在は筆記試験およびパソコンの実技試験を実施したうえで面接することにしています。

面接はフィーリングの合わない人物をはじくことに主眼を置き、重点は筆記試験、パソコン試験に置いています。

筆記試験は既存の採用試験用の問題を入手して利用しています（書店等でも売っていることがありますし、安価に利用できる作問・採点業者もあります）。パソコンの実技試験は、文書を渡したうえで、そのとおりの文書を作成するように指示し、いったん完成した後で、さらに変更を指示するという課題をMicrosoft® Word®、Excelについて行い、その**作業過程を観察**しています。課題について質問を発することを認めたうえで、課題を完璧に完成したかよりも、その間の作業の進め方を重視します。

現在の方法にしてからは、採用は比較的うまく回っているように思います。

Mukouhara's Answer　大学の就職課への張り出し、ハローワーク、知り合いからの紹介のいずれかです。

これまで法律事務経験者も採用してきましたが、**法律事務経験があると一口にいっても、その経験値は千差万別**ですから、当てにするべきではないと考えます。

とはいえ、「経験あり」というのは安心感があり、採用の場面では、どうしても先に目が行きます。

採用試験に関していえば、そもそも面接で事務局のスキルを見極めることは難しいところです。面接での質問に対する受け答えはどなたも上手だからです。

パソコンのスキルについては、実際にテストしたこともあります。

6 事務局の雇用・業務関係

Q30 事務局の育成方法は？

Tabata's Answer　最初は資料集めの方法などから覚えてもらい、少しずつ債務整理や後見の報告書作成を指示する方法で事務局に仕事を把握してもらおうと考えていました。

しかしながら、**事務局に任せるのは一定の範囲**にしないと、「ミスを防止する」という観点から結果的にチェック作業が煩雑になり、単に「やり方を覚えてもらえば大丈夫」というわけでもないという結論に至りました。

事務局の能力は勤務弁護士と違い資格による選別がされていないので、人によって指導の仕方も変えていく必要があります。

Mukouhara's Answer　法律事務経験があるといっても、その内容は千差万別であり、経験の「ある」、「なし」だけで分類することは、危険だと思います。

したがって、その人の経験値を十分把握し、その経験値に基づいて、こちら側の要求の足りないところを埋めてもらうよう説明し、少しずつ仕事を依頼して慣れてもらう必要があります。丸投げはせず、その処理が何を意味しているのかを理解してもらうようにします。

これは反省を込めてですが、**厳しくしすぎてはいけない**と思います。

Q31 できるだけ事務局に任せるという姿勢をどう思うか？

Tabata's Answer 破産や後見については事務局に任せる部分をそれなりにつくらないと、そもそも仕事が回りません。ただ、紹介案件や顧問先の仕事については原則自分ですべて処理しています。これは「一見の客と紹介客の割合はどうか」という点にも関連しますが、任せても問題がない（大きな失敗が起こらない）部分は事務局に任せてしまうというのが第１のルールだと思います。

問題は打合せ、聞き取りという、**依頼者に直接会う仕事ですが、これは破産や後見の定型的な聞き取りを除けば原則弁護士が実施すべき**でしょう。

Noda's Answer 前提として、**弁護士法の規制**があることから、任せるといってもその規制の範囲内でなければならず、裁量を伴う法的判断をさせることはできません。

規制に触れない範囲であれば、経済的合理性の観点からは、事務局に委ねることを基本とすべきでしょう。弁護士と事務局を比較した場合、通常は弁護士の人件費が事務局の人件費を上回ることから、事件が十分にある限り弁護士が処理する方が収益性は高いです。したがって、原則的には、事務局処理が可能なものは事務局において処理をすべきことになります。そのうえで、営業の観点から、弁護士が担当することに意味があるというのであれば、例外的に弁護士が処理すればよいでしょう。

なお、「できるだけ事務局に任せる」という状態を機能させるためには、弁護士の判断すべきこと、事務局が処理してよいことを明確に仕分けたマニュアルを適切に作成するとともに、その的確な実施に留意する必要があります。単に任せるというわけにはいかず、むしろ初期には自分で処理するより手間がかかることを覚悟しておくべきです。

⑥ 事務局の雇用・業務関係

破産の事務処理は、事務局に任せているか？

Noda's Answer　どこまでを事務処理というかが問題ですが、方針決定・受任後の手続きは**定型的な書式を埋める作業**が多いことから、基本的には事務局にお願いしたうえで、段階ごとに確認を行っています。

Mukouhara's Answer　**書類収集・基本的な入力は事務局の職責**としています。ただし、イレギュラーな箇所は当然出てきますので、事務局でわからない箇所はすべて弁護士が処理します。

Q33 事務局の社会保険について教えてほしい。

Noda's Answer 労働保険は従業員が1人でもいれば加入義務があります。

週20時間以上の労働時間かつ31日以上の雇用継続が見込まれる従業員について雇用保険は強制加入です。いわゆる社会保険、すなわち健康保険と厚生年金については、法人事業所については加入義務があります。

これら法律上の加入義務にあたらない場合に社会保険に加入させるかどうかということであれば、**加入させておくべき**です。加入は安定雇用につながりますが、法律事務の効率は経験によるところが大きく、また同じ事務員が長期間勤務することによる事務所の信頼感形成の効果も大きいからです。結局のところ、加入させておくことが経営側にとってもメリットといえます。

6 事務局の雇用・業務関係

Q34 「事務員作業の機械化」の具体例について教えてほしい。

Noda's Answer

通常の法律事務で必要な作業はたいていの場合、ExcelかAccessで事足ります。適切にシートやデータベースを設計する能力があればよいです。結局は、実行するかしないかの差でしかありません。自ら実行する能力がなければ、適宜、ソフトウェアを導入すればよいでしょう。ただし、特定のソフトウェアで作業を省力化するという視点では、いつまでたっても省力化は進みません。環境に応じて柔軟に仕事のやり方を変更することが必要です。

視点は２つあります。その１は、**極力、人間を移動させない**こと。その２は、**DRY原則に従う**ことです。

その１の例としては、登記事項証明書をオンライン申請する、簡易書留に替えてレターパックを使用するなどが考えられます。事務局の移動を伴うタスクを統一的に把握して、移動を１回で済ませるということも重要です。

その２のDRY原則とは、「Don't Repeat Yourself」を略したものであり、プログラミングに関して守るべき原則で最も重要なものの１つとされています。作業の中になんらかの重複があればこれを避けるべきことをいいます。法律家の作業もプログラミングも、知的成果物の出力という点では差異がなく、同様にDRY原則に従うべきです。具体例を挙げます。訴状をつくる場合、多くの弁護士は当事者目録に訴訟代理人も記載する、結果として細かい作業を行っていますが、「当事者の表示」と「訴訟代理人の表示」とを分けてしまえば、「別紙原告訴訟代理人目録」は不変です。LACの書式には依頼者の氏名を４回は記載する必要がありますが、適切に書式を設定すれば１回の入力で片付けることができます。

普段の作業を１つひとつ自覚的に行い、必要のない移動や重複に気づいた時点でそれを排除する工夫が必要です。

Q35 事務局なしの１人事務所の場合、気を付けた方がよいこととは？

Noda's Answer　事務局がいない場合、依頼者対応について気を使う場面がいくつか出てきます。

連絡の面では、期日や会議等で長時間電話が不通になる可能性があることから、適切な留守電メッセージを設定するか、電話代行サービスを利用する必要があるでしょう。

また、事務所での打合せについても気を使う場面が出てきます。閉鎖空間で１対１になるということは、暴力を受けるリスクや性的関係のトラブル、その誣告の危険があります。相談室に緊急通報手段や防犯カメラを設置することを考えておく必要があります。

全く別の観点からの注意点として、将来事務員を雇うことを想定した準備はしておく必要があるでしょう。**事務所運営に関する日常の活動を記録して、手順書を作成しておく**とよいです。というのも、将来事務員を雇い入れたくなるタイミングが来たときには、あなたにはそれなりの売上げがあるものの忙しくて事務員を教育する時間がないからです。また、手順書がきちんと整備されていれば、パートタイムで人を雇うことも可能になります。例えば、ごみ捨てとトイレ掃除だけであれば、週に２時間×２回程度で足りますし、あなたはその間、他のことに時間を使えます。

⑥ 事務局の雇用・業務関係

Q36 事務所内の人間関係維持のコツは？

Kita's Answer 正直なところ、私の場合は既存の人間関係に甘えているところが多々あり、自分での構築は全くできていませんが、事務所内の人間関係の維持はきわめて重要です。

経営者としての所長の役割は、極論をいってしまえば、①仕事を獲得する、②事務所内のメンバーの生産性を上げる、の２点しかありません。事務所内の人間関係の維持・構築はこの②に直接的にかかわるものですし、事務所の運営に対する効果としては①よりも影響が大きいと考えています。他の事務所を見ると、定期的に食事会を開催する、大型の事件が終了した際に慰労会を開催する、事件に連動した歩合を渡す、こまめにお土産を買ってくる等の維持活動を行っているところが多いようです。

また、従前の事務職員と新しく採用した事務職員の人間関係のバランスも難しい問題であり、『弁護士　転ばぬ先の経営失敗談』（第一法規、2015年）においてもこの点の失敗事例は最も多く見られた類型です。これについても各事務職員の自尊心に配慮しつつ、任せる仕事の内容を考慮する、また、気を使っていることをこまめに態度に表すなどの対応が必要になると思います。

Tabata's Answer 忘年会や暑気払い、入所祝い、独立壮行会など事務所での**定期的な懇親会**（飲み会）は開催しています。

また、事務所内で遊びに行く企画も立てたりしています。もともとは男性が多かった事務所なので、個別に誘うこともあまり気にせず行っていたのですが、現在は女性のスタッフもいる中で、ハラスメントにならず、かつ不公平感を出さずに自分とスタッフ、またはスタッフ同士の交流を深める方法を試行錯誤中です。

Q37 ノキ弁の採用条件の相場とは？

Kita's Answer ケース・バイ・ケースでしょう。ほとんどパートナーと変わらないような高額経費負担のところもあれば、実質経費負担なしのようなところもありますし、固定費負担制度のところもあれば、売上連動型負担のところもあります。

むしろ、**ノキ弁を採用する目的をどこに置くかが重要なのではないでしょうか**。ノキ弁を採用する目的としては、①経費負担割合の削減、②スポット的な仕事の分担、③新たな視点の提供などが挙げられるかと思いますが、どれを目的にするかによって負担感も変われば採用条件も変わると思います。

自分が何を目的としてノキ弁を採用しようとしているのかをよく考えてから、採用基準を定めるのがよいのではないでしょうか。

なお、現時点での私の周りの例を見ますと、月額15万円あたりが多いようですが、負担ゼロという事務所もあり、一般化は難しいと思います。

7 ノキ弁・イソ弁の雇用

Q38 イソ弁を雇うタイミングとは？給与の決め方は？

Kita's Answer　イソ弁を採用する時期については、事務所のスタイルおよび今後の経営計画によるのではないかと思います。

流れに従ってイソ弁を採用するタイプの方は、基本的には事件の滞留が発生または予想される時点で、採用を検討するのではないでしょうか（私もこのタイプです）。この時点で売上げのめどが全く立っていないのであれば話は別ですが、事件が滞留してしまうレベルで多数の事件が来ている場合、イソ弁を採用しても問題ない程度の売上げがあることがほとんどかと思いますし、仮にその状態を放置した場合、より重篤な問題が生じる可能性が高くなると思います。

対して、今後の仕事の増加が明確に予測される場合には、あらかじめイソ弁を採用しておくことが有効ではあります。**忙しくなってからイソ弁を採用すると教育する時間が確保できないという悪循環に陥りがち**ですが、あらかじめ採用しておくのであれば、泥縄的な状況は避けることができます。

なお、あらかじめ採用しておく場合には、どの程度具体的に仕事の増加を予想できるかが重要になると思います。もっとも、周囲を見渡すと、急拡大に成功しているところはかなり見切り発車気味にイソ弁を採用したうえで、後に帳尻を合わせていますが、これには度胸と商才が必要だと思います。

Tabata's Answer　自分で担当するとして50～60件、勤務弁護士に任せられるのが30～40件のイメージです（第５章Q12参照）。独立して約１年後に80件を超えたのですが、この状態ではほとんど事件処理以外のことができず、戦略的な活動に割く時間が全くなくなります。事件も遅延し始めるので、危険といって差し支えないと思います。

中には100件を超えて処理し続けている先生もいるので、パフォーマンスは人次第だと思いますが、「顧客を待たせている」状況になったら、多少収益率が落ちても勤務弁護士を雇うべきですし、「手が回らない」ことで遅延など大きな失敗をするリスクはもちろん軽視できません。キツいなと思ったら(自分がイソ弁でキツいなと思うのと違い、経営者で、こなせばこなすほどもうかるのにキツいと思うのは、本当にキツいのだと思います)、**「その時点でイソ弁を雇うと損になるのではないか」と思っても雇う**、というのが私の考える判断基準です。

勤務弁護士の給与の決め方については、地域により異なると思います。周辺の事務所の初任給の平均くらいでよいのではないでしょうか。ひょっとしたらもっと給与を抑えてもそれほどパフォーマンスは変わらないのかもしれませんが、現状の勤務弁護士の待遇が全体的によいとは思っていないので、平均くらいは出せないとダメだろうというのが私の考え方です。

8 事務所のセキュリティ

電話代行、秘書代行サービスと守秘義務について教えてほしい。

Fukazawa's Answer　年数や規模から、信用できる業者を選ぶべきです。

法律事務所である以上、かかってくる電話には、依頼者等の秘密が含まれている可能性があります。ですから利用するサービスの選定は、慎重にするべきでしょう。

ただ、「慎重に」といっても、その業者が信用できるかどうかは、外から見ただけではわかりません。

判断の基準として、事業開始から年数がたっているかどうか、規模が大きいかどうか（規模が大きければ、オペレーターに対する守秘義務等の研修が充実していると推認できます）、**弁護士等の士業対応をうたっているかどうか**、が参考になると思います。

なお、守秘義務の話とは少し離れますが、法律事務所には、依頼者のほか、相手方等、非常に感情的になっている当事者からの電話がかかってくることもあります。このような場合、電話代行業者（のオペレーター）の負担はかなり大きくなりますので、業者によっては追加料金を請求されたり、あるいは解約されたりする可能性があります。こういう観点からも士業、特に弁護士業への対応をうたっているところは安心ができます。また、裁判所からの伝言で「専門用語」が含まれていると、適切に聞き取りができないこともありますので、やはり弁護士業対応ができることは重要です。

このように、守秘義務の観点からも、聞き取りの正確性の観点からも、できる限り士業、それも弁護士業対応をうたっている業者を利用するのがよいでしょう。

Q40 パソコンのセキュリティ対策について教えてほしい。

Noda's Answer 日弁連が「弁護士情報セキュリティガイドライン」を制定しています。非常に読みにくく、また時代に即していない部分も少なからず含まれていますが、可能な範囲で一読しておくべきでしょう。

個別の対策としては、適宜、OSのアップデートを行うこと、ウイルス対策ソフトを導入し、定期的にパターンファイルを更新すること、危険なサイトには原則としてアクセスしないこと、業務上やむを得ずアクセスする場合には独立したネットワーク上の端末を使用するなどの対策を講じること、ファイルや端末にはパスワードの設定をすること、などの一般的な対応は必須です。

特に注意を要するのは記憶媒体の管理です。管理が甘くなりがちなUSBドライブには事件に関する情報を保存しないことが望ましいでしょう。やむを得ず保存する場合には、指紋認証型のものその他十分なセキュリティ対策が講じられたものを使用し、入手した者がその内容を読み出すことができないように十分注意しなければなりません。

ハードディスク等の記憶媒体についても、注意が必要です。OSレベルでパスワードをかけたとしても、ハードディスクを取り外して別のパソコンに接続して読み出せるのでは意味がありませんが、安価に販売されている多くの端末ではそれが可能です。本体と切り離した場合には情報を読み出すことのできないように設定された記憶媒体の組み込まれたパソコンを使用すべきです。

最後にバックアップについてです。事務所内にLANを構築している場合には、24時間ごとに無停電装置に接続されたNASにデータのバックアップをとるなどすべきでしょう。少人数で利用する場合には、定評あるクラウドサービスを利用するのもよいでしょう。DropboxやGoogle ドライブ を利用することで、事実上バックアップは不要です。ただし、Google ドライブ は無料版の場合、「弁護士情報セキュリティガイドライン」の要求を満たさないので注意が必要です。

クラウドサービス提供事業者がデータの内容にアクセスすることすら避けたいという場合は、SpiderOakなどアップロード前に暗号化してしまい事業者は内容に関知しないタイプのサービスがあります。外部からのアクセス手段が限定されますが、バックアップを目的とするのであれば有用です。

独立開業して**思うこと**

独立開業して、一番ツライと思った出来事は何か？

01

Tabata's Answer　人を雇っても、「友人」感覚では雇用が維持できないこと、

経営者である自分に責任がすべてかかることからくる**孤独感**にさいなまれる点が一番つらいです。これは、事務所を１人で運営するという状況から脱するうえで必ず経験することだと思います。つらいかつらくないかというより、これに耐えられないなら経営には向きませんし、人を雇って経営をするか、個人事務所にとどめるかという判断をするにあたっての非常に重要な指標になると思います。

孤独といっても、事務所の皆とは「立場が異なる」ということであり、敵対するわけではないので、自分が勝手に感じる孤独感のようなものです。「みんなとうまくやればいいのでは？」と誤解されませぬよう。

Fukazawa's Answer　開業当初に月単位で見ると赤字になったことです。

共著者の北先生も、セミナーで繰り返し強調されていますが、**「売上げ＞経費＋生活費」の状態を維持しなければ生きていけません**。これは、誰がどういおうが、絶対の真理です。

それなりに蓄えがあったのですが、どんなに蓄えがあっても、それが減っていくプレッシャーは相当なものです。

独立開業にあたっては、事件処理の困難さ（所属事務所という後ろ盾がないので、「危険な」相談者や相手方に自分で立ち向かわなければなりません）や経験不足などからくる不安など、いろいろとツライことは多いです。

しかし、なんといってもきちんと黒字を維持する、「売上げ＞経費＋生活費」を保つということが一番重要です。これが保てないと、事務所経営を、ひいては弁護士そのものをやめなければならないことになります。

仕事が忙しいのも、大変なのも、プレッシャーが大きいのも、不安がある

のも、究極的には「耐えればよい」のですが、経済的問題は、多少はともかくとしても基本的には「耐える」ことができません。他の問題とは本質的に違うのです。

逆にいえば、これが維持できるようになれば、独立開業している弁護士ほど楽しい仕事はないと思います。

Mukouhara's Answer　**依頼者がこちらのアドバイスを聞いてくれず、独自の価値観で動こうとする場合**です。この場合、処理方針相違→信頼関係構築不能となる場合もありますが、いったん引き受けた事件を辞任するというのは、自分の責任感との間で葛藤があり、なるべく依頼者の意向に沿うよう努力をしますが、それでもどうすることもできない場合がないとは言い切れず、このようなときは非常に疲弊します。

独立して早期につまずいたこと、後悔したことはあるか？

Kita's Answer　独立のつまずきというより単独で独立した場合のつまずきですが、自分にわからないものは事務所の誰にもわからないという事態が容易に発生します。そして、その際に事務所外に相談できる人がいないとつまずきやすくなります。共同経営の場合は事務所内の他の弁護士に聞くことができますので、この点の危険性は回避しやすいと思います。

また、経営面については、他のQ（第２章Q19、34等）でも述べていますが、**売上げと経費の間に余裕をもたせていなかったのが最大の失敗**です。売上げと経費の間に余裕がないと、当初の予測どおり売上げが伸びない、または少し低下しただけで事務所経営が苦しくなります。私はこの部分のゆとりを設けていなかったため、業務内容を変えようとして一時的に収入が減少した際に、即座に生活費が不足する事態に陥りました。この部分のゆとりはきわめて重要であると思います。

この２点から、最終的には単独経営に至るとしても、開業時点においては共同経営をした方がよいのではないかと思います。

Mukouhara's Answer　**雇用した事務局がすぐに辞めたこと**です。

事務局は、中心となる人を見つけて育て、その人に新しい人を育成してもらうという流れをつくることが重要だと思うのですが、その流れが途切れると、非常に大変なことになります。

また、後悔としては、誰もが通る道だと思いますが、「着手金の設定が不適切（安すぎる）」ということが挙げられます。

早期に終結する事件・報酬の回収可能性が高い事件であれば、着手金は低廉でもよいのですが、事件が想定よりも長期間かかるような場合には、どうしてもつらいものがあります。事件にかかる期間は、「相手の出方次第」というところがありますから、やむを得ないことと割りきってはいますが、「事件の長期化」というリスクの管理はしっかりと考えなくてはならない課題だと思っています。

03 特に早期独立者が失敗しやすいことは何か？

Tabata's Answer 相談できる相手がいないために、「どうでもよいことに多くの時間をかけてしまうこと」、あるいは「やらなければいけないことを失念すること」です。これればかりは先輩に聞いて無駄を省くしかないのですが、「今◯◯の件をしていて、△△して××なのですが、これでよいですか？」と聞ける先輩や同期がいるのといないのとでは、大きな違いです。

もちろん、あまり人に時間をかけさせるのは迷惑な話ですが、自分には1日かかる作業が、経験者には一瞬でわかるようなことであったりするので、「無駄に頑張っている」状況に陥っていないか、**独りよがりな仕事の進め方になっていないかを省みる**ことは大切であると思います。そうしたときにアドバイスを求めることができるよう、先輩の会務や困っている同期を手伝ったりすることは、きっと無駄にならないはずです。

Noda's Answer ①処理速度、②費用の決め方・もらい方、③顧客対応についての失敗が多いように思います。①については、適切な速度感がわからず遅くなりがちです。②については、安い金額を提示しすぎたり、回収し損ねる問題があります。③については、対応が遅くなってこじらせることが多くあります。

②については、感覚がつかめるまで、報酬額は日弁連の旧報酬基準に従うこと、費用の一部をもらうまでは着手しないこと、減額交渉には応じず、減額交渉をしようとする依頼者は断ることです。減額交渉をする依頼者を断ることで③の問題の一部も解決できます。

①と③については、常に最速を目指すとよいでしょう。**速い事件処理・早期の顧客対応で問題の大部分は解決**します。

① 独立して思ったこと、経験したこと

仕事・営業以外で大変なことは？

Tabata's Answer　仕事といえば何でも仕事なので……仕事と営業以外というのがどのあたりかというのは難しいですが、強いていうならば人間関係でしょうか。事務所内の人数が増えれば増えるほど、配慮しなければならない点が増えることになります。顧問先についても同様です。出席する会も増えます。ただ、今までお世話になった人との人間関係をおろそかにするのはよくないと思います。

自分の感覚として、どの経営者も「わざと疎遠になる」、「軽く扱う」というわけではなく、事業を拡大して顔を出す機会が増えると（あるいは付き合いが増えると）、１人ひとりに十分対応できていないという時間管理の問題が大きくなるように思います。人間関係は焼き畑農業ではないので、次々**新しい人に会うことよりも、自分の周囲の人たちを大事にする**ことが原則だと、自戒しようと考えています。

Fukazawa's Answer　弁護士会の会務です。これは、人によると思いますが。

悪いことをする、例えば非弁提携に引っかかるのは、「ひとりぼっち」になっている弁護士が多いと聞いたことがありますし、私の実感としてもそうです。ですから、事務所に同期がいるといっても、もう少し**弁護士としての自分の世界を広げておいた方がよい**という意識をもって、弁護士会の活動にも参加するよう心がけています。

ただ、定期の委員会の会議のほかに、かなり「実働」を求められる委員会に所属し、しかも関係する委員会にも複数所属したため、結構な負担を求められています。

弁護士会の活動の中で、得がたい経験や知り合いを見つけることができましたし、その関係で仕事の紹介を受けたこともたびたびあります。ですから、大変な以上にメリットがあったと思っています。

独立開業すると、「余裕がないから弁護士会の会務に参加しづらい」という考えもあるでしょうが（そもそも、弁護士会の会務は、余裕がある人だけが参加するというものではありませんが）、弁護士としての世界を広げる、自分のつくった書類や意見をいろいろな期の弁護士に見てもらう、論評してもらうまたとない機会ですから、ぜひ積極的に参加することをお勧めします。

1 独立して思ったこと、経験したこと

独立当初の予想と大きく違っていたことは？

Kita's Answer　**純粋に労働に費やせる時間が減少したこと**です。私は現在の事務所を開業するまではノキ弁であったことから、時間のほぼすべてを自分自身の事件にあてることができました。そのため、いわゆる薄利多売であっても収入的に問題なく生活することができました。

しかしながら、事務所を開業した後は、純粋な事件処理以外にも、事務スタッフの管理、事務作業、営業といったさまざまなことを行わなければならず、純粋な事件処理にかけることができる時間はむしろ短くなりました。そのため、薄利多売を前提とした経営スタイルでは事務所の維持が困難となりました。もっともこの点については、経費をどの程度かけるスタイルであるかにもよると思います。

また、イソ弁から開業をした場合には、自分自身の事件処理に使うことができる時間は大幅に増えるため、上記の考えは直接はあてはまらないかと思います。

Tabata's Answer　業界の衰退、開業した地域の弁護士増など、いずれも予想していたのですが、そのスピードが予想より速かったことです。独立する前に思い描いていた状況は**数年間でガラっと変わる可能性がある**ということを念頭に置いて判断すべきと考えます。

また、そうした変化については、東京より地方の方がシビアだと思います。例えば「この町には弁護士が１人もいないから独占できる」という状況は、下手をすれば１年で崩れますし、小さいパイの取り合いはリスクが大きいことは考えておいた方がよさそうです。

Noda's Answer 私の独立時点では、人口５万人の小都市には事件がない、弁護士が食えないと考えられていました。当時、私は経営しているウェブシステム系の会社を継続して食べていくことを考えていたため、事件がないくらいでちょうどよいと思っていましたが、**予想に反して大量の事件が眠っていて**、会社を中心にする生活の予定が崩れたというのが予想と大きく違ったところです。

なお、人口５万人の独立簡裁地域で十分に事件があったことの影響は大きかったようで、私の開業後間もなくして、同様に弁護士事務所ゼロであった別の独立簡裁地域（人口は当事務所周辺の倍以上）に相次いで４つの法律事務所が開設され、また、地方でありながらJR主要駅の近辺すべてに法律事務所が開設されるなど、滋賀県は全国的に見て独特の弁護士分布を生じるに至っています。

Mukouhara's Answer

①　２拠点を設けても業務の効率化につながらなかったこと

当事務所が法人化したのには、福岡と北九州に拠点を設け、相互に利用できるようにするなど、福岡と北九州をシームレスにつなげ、もって両地域の業務を等しく処理できるようにする狙いがありました。そして、両拠点の業績はそれぞれ堅調に推移していました。

しかしながら、福岡を拠点とする私が、北九州の案件を担当するにしても、北九州側において電話会議システム導入などの対応が困難であったこと、また、わざわざ福岡から出張するだけの費用負担力のある事件が思ったよりも少なく、北九州のスタッフに紹介して終わることが多かったことから、法人化・２拠点化のメリットはあまりなかったと考えます。

②　弁護士会の手続きの煩雑さ

また、法人化することで、設立や事務員用証明書発行などについての弁護士会関係の手続が煩雑でした。

③　法人であることの負担の大きさ

法人のための弁護士会費や、法人税負担、社会保険料負担など、法人であるがゆえの負担が、当初想定していたより大きいと感じました。

1 独立して思ったこと、経験したこと

今後の事務所の目標は何か？

06

Tabata's Answer　まずは**現状の事務所規模での高収益化**が目標です。具体的には、①作業の効率化により事件の処理速度を上げていくことに加え、②低収益な案件を減少させることが目標です。事務所のあり方としては、地域に密着して地域の信頼を得つつ、別動隊で中小企業顧問を中心に都心の案件を狙っていくということになりそうです。

地域密着を目標の１つに挙げたのは、現在も弁護士業界はきわめて流動的に動いており、柱としてきた分野の収益性については保証の限りではないと考えますが、地域コミュニティでの信頼を得られていればある程度安定した経営が可能と考えるためです。ただ、防御に徹するだけではやりがいがないので、企業法務に関しては東京進出のパイプをつくっていきたいと考えています。

Noda's Answer　所在地域との関係である程度の一般性を維持する必要はありますが、いくつかの法分野および外国関連の専門性を打ち出すことを考えています。

人口減少過程にある地方都市においてライフ・ワーク・バランスを考えつつ、将来に向かって一定の収入を維持していくためには、**通常事件に加えてなんらかの専門性を打ち出すこと**が必要であり、また学び続ける動機がなければ、あっという間に知識が陳腐化するというのが理由です。

Mukouhara's Answer　平成28年10月１日に、それまでの法人から離脱し、私の個人事務所を設立しました。

その動機となったのは、事務所の拡大に関する意見の違いであり、私は事務所をさほど大きくしたいと考えなくなったからです。

私が今後目指したい事務所像は、以下のとおりです。

① 規模・拡大に対する考え方

具体的には考えていませんが、多人数である必要はなく、**少数精鋭を目指したい**と思います。

これは、人数が増えれば増えるほど、事務所の運営方針に違いが生じやすくなりますし、マネジメントに多くの時間をとられるからです。とはいえ、自分１人では何かあったとき（急病や事故など）の、以後の事件処理に大きな不安を抱えることになり、依頼者にも迷惑をかけることになるので、なるべく１人ではない方がよいと考えています。

② 業務範囲

顧客からは「何が専門？」と聞かれるので、本当は専門を明確に打ち出すべきなのかもしれません。しかしながら、法律問題にはさまざまな法分野の問題が包摂されていることがほとんどであり、専門を明確にしすぎると、専門以外の案件の依頼機会を逃すことにつながる気がしています。

とはいえ、得意分野を明確にすることは営業上プラスになる面が多いと考えます。私の場合は、専門分野というより得意分野として、民事信託や相続、ITが絡む事件一般や倒産関連事件が挙げられます。

1 独立して思ったこと、経験したこと

事務所の人員数と事務所の広さの兼ね合いをどう考えるか？

Kita's Answer　現在約60平方メートルで弁護士３人事務局１人の事務所ですが、まだ余裕があると思います。スペースを見るに、あと３人増は可能でしょう。

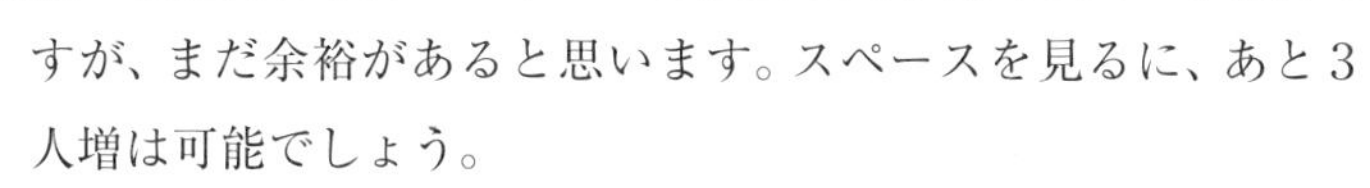

法律事務所においてスペースをとるのは、執務スペースそのものよりも、①打合せスペース、②書籍のスペース、③記録の保管スペースであると思います。

現時点では当事務所の打合せスペースは１つしかありませんが、現状、不都合が起きることはあまりありません。事件の種類にもよりますが、経営者側の弁護士数がある程度以上増えない限り、複数の打合せスペースは必要ないと思います。もっともこれは、きわめて多くの事件処理をする事務所においてはあてはまらないとは思います。

②については、ある程度は仕方ありませんが、本棚等を工夫すれば結構な量を事務所内に置いてもそれほど問題ないかと思います。

また、③記録の保管スペースについては、現在進行形の事件以外は外部の保管庫に入れてしまえばそれほどのスペースをとることはありません。**記録については、事務所内にため込まないことが重要かと思います**。

そのため、当事務所の場合は、弁護士の執務スペースを中心に考えれば、まだまだ広さには余裕があると考えています。

08 独立の失敗例を教えてほしい。

Kita's Answer 単純に仕事が来ないために廃業したという「うわさ」は聞きますが、実際に確認したことはありません。また、心身の調子を崩して廃業という話も聞きますが、これは以前からあったことで、最近になって発生した廃業原因とはいえないのではないかと思います。

廃業原因として実際に確認をしているのは、**①高経費体質の事務所で売上げが減少し経費の負担に耐えることができなくなった、②特定の顧客に依存していた事務所が当該顧客から契約を切られた**、の２種類です。

これらについては通常の企業を経営する場合と同様の注意点であり、法律事務所特有の廃業原因とはいえないと思います。予防策としては、経費節減を常に意識しておくこと、特定の顧客に過度に依存することを避けることでしょう。

Noda's Answer 把握している範囲では、失敗しているのはほとんどが精神的な理由です。

なんらかのストレス要因により事件の処理が滞り、そのまま回避的な行動をとり続けている間に滞留が深刻な状態に陥ります。懲戒案件にならずとも、仕事が減って経営不振に陥り、滞留事件については他の弁護士が引き取って登録を消すことで懲戒を免れる事案もあります。

予防策としては、**適切なタスク管理と精神の健康を保つための処置**をとることです。

Fukazawa's Answer

サンプル数が少ないので一般化はできないのですが、知っている限りでは、**失敗例はすべて都内で、地方での失敗例は見聞きしていません**。

おそらくは仕事がなくて廃業したケースばかりだと思いますが、原因としては、依頼獲得について、きちんとした計画を立てなかったことだと思います。

何もしなくても依頼が舞い込む時代ではありませんし、特に東京では、国選や弁護士会の相談の割り当ても非常に少ないです。ですから、「誰から、どこから」、「どういう事件を」、「どうやって」、「どのくらい」獲得するか、そういう展望がないと難しいと思います。失敗したところは、そういった展望がなく、とりあえず事務所をつくる、頑張る、なんとかする、という程度の考えであったのだろうと思います。

もちろん、どのくらい事件をとれるかというのは相手のいることですので、自分だけでどうにかできることではありません。展望を立てたところで、そのとおりにいくとは限らないでしょう。しかし、「どうにかできない」ということと、「だから、何もしない（計画などを立てない）」では、やはり意味が違います。

独立の失敗を防ぐには、市場調査をする、どのくらいの仕事があるか見通しを立てる、それが難しくても、類似の条件で独立をした弁護士、それも複数人から話を聞くことです。最終的に完全に的中しないにしても、ある程度の予想、展望をもっておくことは不可欠だと思います。

開業して一番の喜びは何か？

Tabata's Answer これはもう「好きなように経営できる」ことに尽きると思います。事務所が複数になり法人化する前には「もうけた分が自分の金になる」ということもあったのですが、法人化して役員報酬をもらう形態になるとピンときませんし、ノキ弁の方が経営効率はよいように思います。

自分で経営を始めると、今まで考えもしなかった大変なことが多く、弁護士としてのスキルアップにつながらない営業活動に多くの時間を割かなければならず、経理や事務所インフラなどの表に出ない部分に割く労力もばかになりません。

さらに一番負担を感じたのは、事務所で扱った事件についての最終的な責任がすべて自分にかかってくることです。特に人を雇った場合の精神的な負担は非常に大きく、同世代の経営者弁護士同士で、「ノキ弁の時代に戻りたい」、「今ならボスの大変さがわかるので、今誰かが雇ってくれたらよい仕事ができそうな気がする」と半ば冗談で話すことがあります。これは一面の真理ですが、それでも皆経営をやめるわけではありません。結局は経営を続けることの方が魅力的だからです。

では、「好きなように経営できる」メリットを実感できるのは、どんなところでしょうか。好きな場所で、好きな時間に働ける、好きな分野の事件ができる、といったこともメリットですが、そんな中でも、自分は「**会いたい人と会って、仕事をしたい人と仕事ができる**」ことが最大の喜びだと考えます。特に他分野の経営者と会い、意見を交換し、時に仕事をする中で、本当に尊敬できる人にたくさん出会いました。これは、自分自身が独立していなければ体験できなかったことだと思います。

Fukazawa's Answer　少し偉そうな表現を用いれば、仕事を自由にできる、そして、自由にした仕事の１つひとつが、依頼者の、そして自分のためになっていくと、日々実感できることです。

開業すると、日々の仕事やそれに臨む覚悟が大きく変わります。一から十まで自分でやらなければならない、それも、大きな経済的制約の下で、相応のリスクを背負って仕事をすることが求められます。

勤務弁護士から独立して経営弁護士になるということは、例えるなら、修習生から勤務弁護士になることに匹敵する大きな変化だと思います。**第２の弁護士登録といってもよいかもしれません**。

それはそれで大変なことなのですが、依頼者の信用を勝ち得て仕事を依頼してもらえるかどうか、その仕事で勝てるかどうか、自分の利害に大きくかかわるので、自然とより真剣になります。また、結果が出れば、依頼者の感謝や報酬といった「目に見える形」で実感することができます。

そういう実感、弁護士業のリアリティを肌身で感じられるのが、「開業して一番の喜び」だと思います。

Mukouhara's Answer　自分１人の力でやっているんだ、と思いがちなこの仕事ですが、さにあらず、開業してからさまざまな方からのいろいろな面での支援や励ましをいただくことが増えました。

そうした支援や励ましを受けるたび、開業してよかったと心から思います。

また、しんどいときに支えてくれる仲間がいることも、大きな励みです。その結果、感謝すること・されることの喜びを、本当の意味で知ることができた気がします。

経営というと、金銭的な面ばかりを追いかけがちです。確かに金銭的な面はとても大事ですが、人様のありがたみや感謝に勝る喜びはないと考えています。

Q 10 独立直前・直後の仕事量の変化について知りたい。

Fukazawa's Answer ざっくりいうと、独立する直前は仕事をセーブしたので少なめ、直後については、仕事の当てがあったわけではないので、かなり少ない、あるいは皆無に近く、その後はどんどん増えていったという感じです。

弁護士の日々の仕事量というのは、事件ベースで考えれば、基本的には「現在、受任している事件数」で決まります。

弁護士の仕事というのは、受任してから解決まで数か月かかることが珍しくありません。これは、仕事量が多いという以上に、裁判であれば1か月ごとにしか期日が入らない、相手の主張が出てこなければ反論ができないといった、そもそもの性質に由来します。つまり、弁護士が1人で頑張っても、**半年かかる事件を1か月にするなどということは不可能**です。

ですから、必然的に多数の事件を受任して、並行して処理することになるのですが、最初はその並行している事件数そのものが少ないことから、仕事量が非常に少ないということになります。

その後、事件を受任するにつれて仕事は増えていくのですが、最初の数か月は「終わる」事件がほとんどないので仕事が増える一方となります。しばらくすれば、「終わる」事件も出てきますので仕事量は安定しますが、最初の数か月では、増える一方の仕事量にパンクしないように、上記の「傾向」を頭に入れて分量は慎重に調整した方がよいでしょう。

Mukouhara's Answer 弁護士としての仕事量には、**それほど変化がありません**。ただ、独立直後は、法人代表者という立場もあって、さまざまな意思決定などマネジメントの部分が増加したことから、仕事量自体は増えたと思います。

2 独立してからの弁護士業務

Q11 薄利多売には限界があるとのことだが、事件をどのように取捨選択しているか？

Kita's Answer

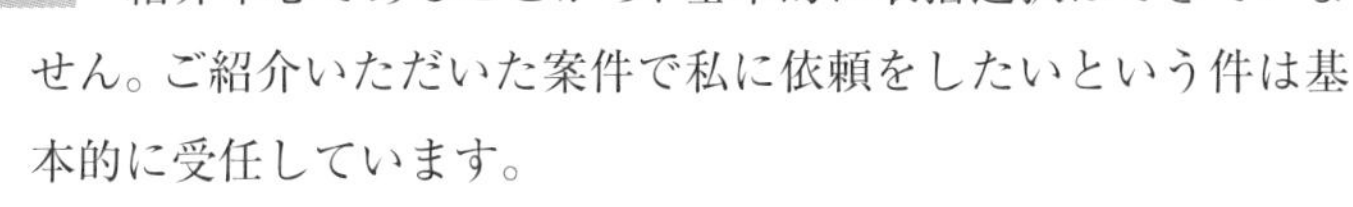

紹介中心であることから、基本的に取捨選択はできていません。ご紹介いただいた案件で私に依頼をしたいという件は基本的に受任しています。

ただし、①法テラスとの契約がないことから、私に依頼する場合は法テラスの利用はできないこと、②私の考える適正額を提示し、これに満たない金額で受任することはできないことを明確に伝え、**こちらの提示金額に難色を示す方の事件は受任しないことにしています。**

この2点を守っていれば、そこまで厳しい選別基準を設けなくても薄利多売は避けられるのではないかと思います。もっとも、法テラスの利用を避けがたい地域もあると思いますので、その点は経費を抑えるなど経費とのバランスを考える必要があるかと思います。

Tabata's Answer

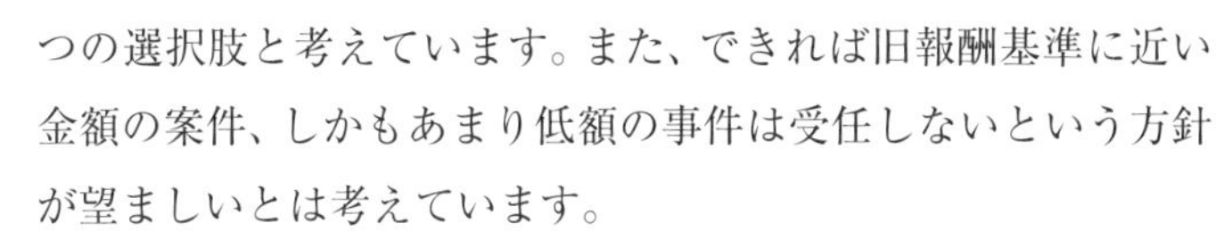

国選事件を扱うか、法テラスと契約するかというのが1つの選択肢と考えています。また、できれば旧報酬基準に近い金額の案件、しかもあまり低額の事件は受任しないという方針が望ましいとは考えています。

特に訴額100万～150万円の事件については、見込みの弁護士費用を説明して無理には受任しないことが多いです。しかしながら、少額だけれども、紹介ゆえに断れない案件はあるため、収益が見込めない案件を一定数受任することは、経営上むしろ必要です。

逆に「無理に受けなくてもよい案件」については、「旧報酬基準で受任できるか」、「訴額がいくらか」で判断するようにしています。場合によっては「着手金の最低金額」を明記してしまって、それ以下を切るという方法もありそうです。

ただ、これから独立を考える人の場合は、スタートダッシュであまり選り好みすることもできないので、**2～3年目くらいを目途に、徐々に事件単価をシビアに判断していけばよいのでは**ないかと考えます。

Noda's Answer 現在、生活保護受給者を除いて、**民事法律扶助の事件は原則として受任していません**。当初より私選契約との申出であれば、金額は旧報酬基準を維持して分割払いで対応することがよくあります。当初から扶助の利用を希望された場合は受任しないことを告げて審査回付手続きまで協力しています。

基本的に法律扶助事件については、依頼者の意欲が低いことが多く、法テラスの事務コスト以外にも手間がかかることが多い反面、報酬水準は通常の半額以下であることから、公益活動として行う場合を除いて極力避けるべきです。

このほかに特段の基準はなく、その時点での業務量の多寡等により決めています。

2 独立してからの弁護士業務

Q12 現在の受任数は？　適切な事件数とは？

Tabata's Answer　現在事務所で扱っているのが約130件、**弁護士１人あたりでは30～35件程度**です。事務処理の効率化を図ることで取扱件数を増やすことは可能かもしれませんが、現状はこれでも忙しいと感じています。これは事務所の所在地にもよる問題で、私のように裁判所や弁護士会から離れた位置にある事務所ですと、移動やそれに伴うロス時間が長い（例えば、午前に裁判所で調停があり、午後２時半に別の裁判の期日が入っている場合、ずっと裁判所にいるのか？という選択肢を突きつけられる）点に留意して、都心や裁判所近くに位置する事務所ほどのパフォーマンスはできないと考えるべきでしょう。

また、専門特化型か、特段専門を設けないかにもよります。事務局や勤務弁護士のパフォーマンスを最大化できるのは、やはり特化型でしょう。

Noda's Answer　**現在の受任数はおそらく80件程度であると思いますが、適切な事件数はこの半分くらい**と考えています。１日２時間ずつかけるとして、２週間に１回は各事件についての検討・作業時間をとることが望ましいと考えるからです。

Mukouhara's Answer　80～100件程度です。

適切な事件数はよくわかりません。事件には大小がありますし、また、事務所としての採算がとれているか、およびきちんとした事件処理や依頼者とのコミュニケーションがとれているかどうかが大事なのであって、**件数は問題ではない**と考えるからです。

13 今後はどのような事件を扱っていきたいか？

Tabata's Answer　**中小企業の経営者にかかわる事件**をオールラウンダーとして扱っていきたいと考えています。経営者には横のつながりがありますし、顧客を増やしていくためにはこの方法が最も確実であると考えています。

個人的に趣味としてはクリエイターにかかわるような仕事をしたいと思っていますが、収益源としては考えていません。

２ 独立してからの弁護士業務

今まで経験のない内容の仕事が来た際の対応とは？

Fukazawa's Answer 経験がないというだけで断ることはしません。ただし、時間の問題、事件の難易度、知識からして難しい場合には、他を紹介するか、共同受任を検討します。

まず、自分だけで受任するか、他に紹介ないし共同受任にするかですが、以下のような事情で判断します。

経験がないだけでなく、事件として複雑、大規模でそもそもの難易度が高い場合であれば、自分で受任することは避けます。一方で、経験がなくても、それほど複雑ではなく、規模も大きくないのであれば、自分で受任することを考えます。

次に、紹介するか、共同受任にするかについては、「手に負えない」程度で決めます。

経験がないだけではなく、特にその分野でも難易度が高い事件であれば、自分が共同受任で参加しても、事件解決に貢献することは難しいと思います。そうであれば、共同受任ではなく、そのまま紹介をしてしまうのがよいと思います。

一方、自分１人でもできるかもしれないが不安が残る、という場合には、共同受任も視野に入れます。**共同受任のよいところは、他の弁護士の仕事が見られること**です。特に独立していると、他の弁護士から仕事について意見をいわれる、仕事の仕方を学ぶといった機会がなくなります。ですから、自分も事件処理に十分貢献して参加できる、という見通しがあれば、積極的に共同受任を選ぶべきだと思います。

私も独立以来、今でも事務所外の弁護士と共同受任することは珍しくありませんし、それを通じて相当のノウハウを得ることができたと思っています。

Mukouhara's Answer ①経験がないことを告げて自分で受任する、②共同受任する、のいずれかで行っています。問題は、**どこまでが「経験がある（ない）」ことになるのか**、という点ですが、法律問題はおよそ普遍的な要素を含んでいるので、その普遍的な要素に根ざす問題意識から解決策が見えることは多々あります。

「全く経験がない」として他の弁護士を紹介するべきであるとの「見極め」を行うのは、解決策が見えない、見えるようにするためにどうすればよいか皆目見当がつかない場合ではないかと思います。

[2] 独立してからの弁護士業務

15 自身に知識がない分野で、単純に処理方針が決まらない事件の相談があった場合はどうするのか？

Noda's Answer　ケース・バイ・ケースですが、**現在は対応できそうな弁護士を紹介して断ることが多くあります。**

時間に余裕があり、相談者がそれを受け入れる場合には、数日の猶予をもらい、必要な書籍等を買い込んで対応可能なレベルの勉強をすることもよいでしょう。自分がどういったレベルの事件に、どの程度の学習で対応できるようになるかを経験しておくことは有用であると思います。

現在は、他の案件との関係でそういった割り込み時間の確保が難しいことから、他の弁護士を紹介しています。

Mukouhara's Answer　いくつかのポイントを設け、まずそこまではやってみる、やってみるとこういう問題が出てくると思われるのでこの場合はこうするといった、枝分かれしていく方針について相談者に対して説明をし、順次打合せをして、**徐々に方針を固めていく**、ということはあり得ます。

弁護士の仕事は、最初に与えられる情報では問題を解決するために全く足りないことが多いので、このような徐々に進めていくという方針は、しばしばあることだと思います。

単独経営で、業務に困ったときはどうするのか？

Kita's Answer

仕事が詰まることはやはりあります。初めての事件類型に取り組むこともありますので、わからないことは多いです。

その際に、書籍等で調査をすることは基本ですが、すべてを独力で調査するのは効率が悪く、また、そもそもどの点を調査してよいのかがよくわからないという事態も生じます。

そのような場合には、やはり友人・知人・先輩に確認するのが間違いのない方法かと思います。私の場合は、同期クラスメイト10人のメーリングリストを作成しており、そのメーリングリストの中においては、どんなアホな質問をしてもよいということになっています。そのほかにも、この分野についてはこの人に聞くのがよいという人を確保しておくことは重要だと思います。

もっとも、**私は、確実に自分よりもできる人が思い浮かぶ分野については、そのままその弁護士に案件を回してしまうことがほとんど**です。その方が、①友人は自分の得意な仕事が増えてうれしい、②依頼者は適切な弁護士に依頼できてうれしい、③私は不慣れな事件をやらなくて時間が浮いてうれしいと、全員が幸せになると考えているからです。

③ 弁護士としてのスキル

17 専門性を高める方法は？
専門分野をもった・もたなかった理由は？

Fukazawa's Answer　専門性を高める方法は、とにかく受任して処理をすることです。

経験に勝る教師はいません。研修なども有効ですが、畳水練には限界があります。また、研修や書籍では学ぶことのできない「思わぬところ」が重要なポイントになっていたりします。

私は、IT関係、特にシステム開発やウェブサイトの制作、あるいはネット上でのトラブルに特に力を入れているのですが、特にネットトラブルについては、**関連書籍が数多く出ているにもかかわらず「肝心なところ」の記載がない**ことが多いという印象をもっています。

そのため、専門性を高めるのであれば、研修や実務書で下地をつくった後は、ひたすら多くの事件を経験する、経験のある先生と共同受任することが一番だと思います。

専門分野、注力する分野を決めた理由は、もともと弁護士になる前からその分野に関する知識があったこと、需要がある一方でさほど供給がないと思われたこと、の２点です。

専門性を高めるためには、相当数の事件処理が絶対に必要です。専門性を得るには、自分の能力の問題だけではなくて、その分野の仕事が十分にとれるのか、ということも必須の要件となります。ですから、分野を選ぶにあたっては、需要が十分あるか、その需要に対して自分が顧客に強く訴求できるかをよく検討すべきです。

Mukouhara's Answer　自分は「これが専門」とはうたっていません。それは、どの程度の件数をこなせば「専門」なのかについて、自分の中での定義がないからです。

ただし、こなしてきた事件数や種類は多い方だと思っているので、「こういう仕事をしてきました」という**「経験」を示す**ことにしています。経験値の高さで「専門」に近いといえるので、「これが専門」と殊更にいう必要はありませんし、経験値を示すことで顧客が安心してくれるからです。

③ 弁護士としてのスキル

Q18 クイックレスポンスと事件数増の両立をどのように実現するか？

Tabata's Answer　事件数が増えるほど、対応に要する時間が増え、クイックレスポンスが難しくなることは間違いない事実です。

民事に関しては「クイックレスポンス」がベストとはいえない場合があります。対して、企業法務に関しては「クイックレスポンス」がきわめて重要と考えます。それぞれどのように違うのかは以下のとおりです。

民事に関しても、急を要するケースというのはあります。しかしながら経験上「即日の面談を求める飛び込みの相談者」や「初対面で緊急案件であることを強く主張する相談者」の言葉を信じることは危険です。

企業法務に関しては、「今後付き合う弁護士とどれくらい緊密に連絡がとれるか。**どれだけ『動きのいい』弁護士であるか**」を依頼企業が見ていると考えて間違いないでしょう。

Noda's Answer　（自分が実現できているかはともかくとして）クイックレスポンスが実現できるかは、事件量とあまり関係がありません。**来たものをその瞬間に打ち返す習慣**があるかないかの問題です。

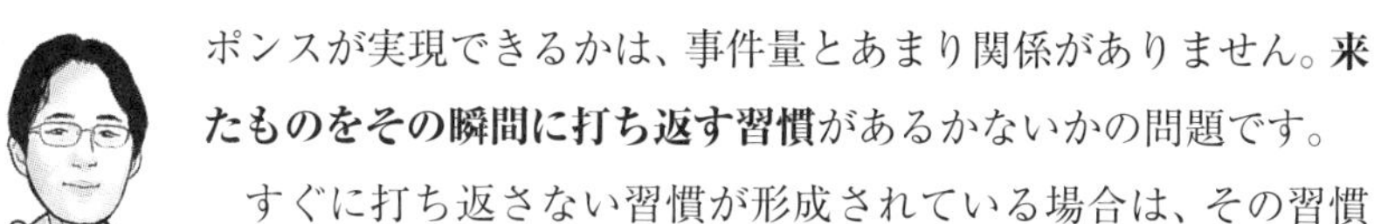

すぐに打ち返さない習慣が形成されている場合は、その習慣を改めることが必要です。そして、習慣は別の習慣で修正するしかありません。

すぐに返信できないのは、返信の前段階で終わらせるべき作業が終わっていない、連絡することに心理的な抵抗がある、単に思考がまとまっていないなどの言語化可能な要因があるはずなので、それを明確に認識して適切な新たな習慣を形成するよう努めることになります。例えば、前段階で終わらせるべき作業が終わっていないのであれば、そもそもそのような状態が発生しないように適切に対応しておくとともに、連絡があった時点で作業予定を再度明確にして、その終了見込みを伝えるといった対応を習慣化することになります。

③ 弁護士としてのスキル

Q19 危険性や問題のある依頼者、クレーマー的な依頼者からの仕事は受けているか？

Fukazawa's Answer **受けません**。リスクがあまりに大きすぎますし、特に事件ではなく依頼者自身に問題がある場合には、事件処理は非常に大変になります。まずなによりも、「依頼者に後ろから刺されない」、「つけいる隙を与えない」ように、細心の注意を払う必要があります。

そもそも、弁護士に依頼するという段階で、事件は相当にこじれていることが多いものです。簡単な事件などそうそうありません。それに加えて、依頼者自身に問題があると、常に依頼者対応、つまり自分の背後を守るのに精一杯で、正面の相手方や事件と戦う余裕がなくなってしまうということになります。これでは、依頼者にも申し訳が立たないでしょう。

そうなると、必然的に事件処理コストは跳ね上がり、なおかつ結果も悪くなります。結果が悪ければ、さらにトラブルを招きかねません。

弁護士１人が処理できる量には限界がある以上、少しでも自分の労力を有益に活用するのが、依頼者に対する誠意ではないかと思います。問題のある依頼者の事件を受任することによって、他の事件処理にまで悪影響を及ぼすことは許されないですし、事務局を暴言等の危険にさらすわけにもいきません（弁護士には普通に接するのに、事務局にはやたら横柄だったり、平気で暴言を吐く者もいますので、要注意です）。

ですから、基本的に危険性や問題のある依頼者の事件は、回避するべきと考えています。

ただ、一方で、弁護士に依頼するということは、相応の部分については処理方法を弁護士に任せてもらう必要があること、弁護士のお願いを聞いてもらう必要があること、それが最終的には依頼者の利益になることを、問題のある依頼者にもしっかりと説明することも同じくらい重要です。

こういった問題のある依頼者は、いろいろな弁護士を渡り歩き、あっちで断られ、こっちで断られという状況になっているケースが少なくありません（逆に考えると、いろいろな法律相談を渡り歩いてきたという相談者には、注意が必要といえるでしょう）。このままでは、いつまでも弁護士の助力を得ることができないということになってしまいます。そういった公益的観点からも、「（攻撃的な態度など問題のある振る舞いをやめるように）説得」をすることがあってもよいのではないかと思います。

それでも態度を改めないのであれば、受任はすべきではないと考えます。

Mukouhara's Answer **受任しません。**

また、受任後も、依頼者が法的に独自の方針を示すなどして弁護士との方針が合わなければ、依頼者からのオーダーを実現できないわけですから、辞任やむなしと考えます。

必要のなさそうな話を延々と聞かされるだけであれば、それは仕事のうちだと思っています。必要かどうかを判断するのはわれわれの仕事ですし、必要ないと思える話が実は重要だったりすることは多々あるからです。

3 弁護士としてのスキル

やっかいな依頼者との距離のとり方について心がけていることはあるか？

Kita's Answer　できることとできないこと、やることとやらないことを明示するようにしています。また、電話についても「○日に１回しか対応できない」などと伝えてしまいます。

結果として当該顧客が離れていったとしても、そのことにより他の仕事を受任する機会が生まれるので、事務所の経営を考えるうえでは問題ないと思っています。

依頼者を目の前にすると、どうしてもなんでもしてあげたくなってしまいますが、**私たちはすべての依頼者に対し十分な法的サービスを提供する義務を負っている**のであり、一部の依頼者に対して過剰なサービスを提供することにより他の依頼者に対するサービスの質が低下するようなことがあるのであれば、それは他の依頼者に対する義務の不履行になるのであり、避けるべきであると考えます。

それでも安請け合いをして後悔することはいまだにありますが……。

Q21 弁護士として、独立しなければ伸びなかったであろうポイントとは？

Tabata's Answer 私は不動産案件の取扱いがある程度の割合を占めていますが、これについては、独立して積極的に「不動産案件を取り扱っています」とアピールすることで依頼を増やしてきた実績があります。それに従ってスキルも身につけてきました。もともと不動産特化型の事務所に勤務している人にとっては、開業するより事務所事件を扱う方がよほど勉強になることもありますから、「事件の質の高い事務所」に勤務している人は独立を急がなくてもよいかもしれません。

もう１つは、会社の収益構造や経営構造についての理解が進んで、依頼会社や顧問会社に対してより的確なアドバイスができるようになったという点です。中小企業の意思決定の仕組みや利益の生み出し方は、業種と関係なく共通する部分もあります。**自分自身が「中小企業」の経営者になることで得られる部分は大きい**と思います。

Mukouhara's Answer 弁護士は職人仕事ですが、一方で「組織の運営」、「マネジメント」がなおざりになりやすいと思います。したがって、独立して経営者になってとても意識するようになったのは、**「組織の運営」、「マネジメント」**です。

また、組織の構造、組織にいる人の心理については、独立し、自分で事務所を経営する立場になって初めて気づいたことが多々ありました。

3 弁護士としてのスキル

22 独立後、勉強の時間をどのように確保しているか？

Tabata's Answer　体系的な勉強はできておらず、依頼があった際にその分野の勉強をする程度です。平日は、**なかなかまとまった時間がとれません**し、かといって土日も小さい子どもがいる関係で時間を勉強に使うのも難しい（というより子どもとせっかく過ごせる貴重な時間を勉強で浪費したらもったいないという価値観です）ので、「何か事件が来たときに一気に関連する本を読む」という方法をとり、かつ本を読む時間が平日営業時間中はないので、休日に読むか平日の朝早く事務所に来て読むという方法をとっています。

Mukouhara's Answer　**隙間時間を使う**（私は風呂で本を読むのが好きなので、風呂で勉強）、夜寝る前に勉強するなど、いかようにも時間はつくれるように思います。学生時代・受験時代のように一日中勉強するというのはなかなか難しいですが……。

Q23 知識の総量を増やす、面談・交渉・文書作成の技術を向上させるために、具体的にどのような努力をしているのか？

Noda's Answer 知識の総量については、**日々の学習量に関する最低ルール**を決めておくのがよいでしょう。

少なくとも『判例時報』、『判例タイムズ』などの判例雑誌に目を通すこと、改訂されるたびに『判例百選』はすべて読むことの２つがお勧めです。

面談の技術については、他の弁護士と面談に入る機会をできるだけ増やすほか、各種の面接技法について機会を見つけて習いにいくとよいでしょう。

交渉技術については、自身の経験した交渉について、その成否と勝因・敗因の分析を行うほか、交渉術について書籍・セミナー等で学習し、実際の交渉に意識的に取り入れることをお勧めします。

Mukouhara's Answer **本を読むこと、できるだけ多くの人と交流すること**ではないかと思います。

文章作成の技術については、参考になる書面を十分に読み込んで参考にすることで、身につけることもできると思います。

４ ワーク・ライフ・バランス

Q24 週、どのくらい飲みに行くか？

Kita's Answer　現在は平均して週２～３回程度です。そのうち、仕事関係は２回程度です。これ以上増やしてしまうと現時点では実働ができなくなるため、週３回程度としていますが、状況によっては増加する可能性もあると思います。

どのくらい飲みに行くかはその人の感覚や取り扱う事件の種類、顧客層によって異なると思いますが、中小企業を主な顧客にしている場合、「顧客と飲みに行く」というスタイルが仕事をとりやすいことは事実です。ただ、**飲みに行く機会が増えれば増えるほど当然のことながら自分自身の実働時間は減る**わけで、そのバランスについては戦略的に考えて行うべきだと思います。

Tabata's Answer　私はロールモデルと言い難いので、私が答えるのはいかがなものだろうかと思う部分もありますが……。

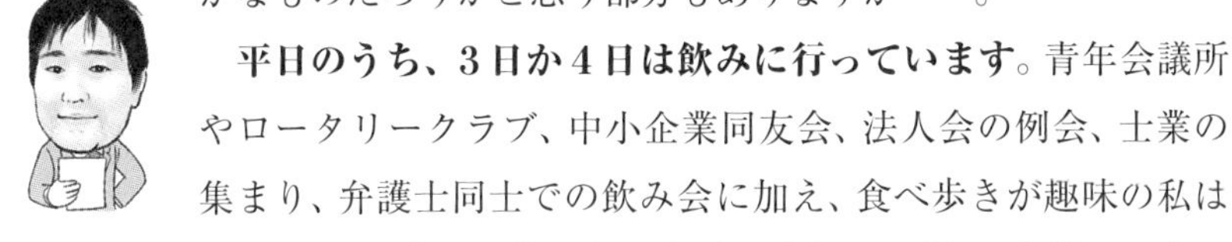

平日のうち、３日か４日は飲みに行っています。青年会議所やロータリークラブ、中小企業同友会、法人会の例会、士業の集まり、弁護士同士での飲み会に加え、食べ歩きが趣味の私は「なかなか予約がとれない店の予約がとれたけど来ないか」という誘いに乗って食べに行くときもあるため、結果的に飲みに行くのは相当な回数になってしまいます。

この状況がベストであるかについての自問自答は繰り返していますが、「食べ歩き」は会食など他の機会に利用できるお店開拓などでペイしていると考えています。自分自身へのキャラクター付けが「食べるのが好きでおいしい店を知っている」というもので、同業の飲み会でも店の設定を任されたり、相談されたりすることが多い私にとっては、ある種必要な時間として考えています。そうしたキャラ付けでもない限り、ここまで飲みに行く必要はないでしょう。

付き合いをどこまで減らしていくかはこれからの課題です。

Noda's Answer 即独だったので、独立当初はほぼ毎日といってよいくらい飲みに行っていました。主として、他の弁護士に事件処理に関する相談をすることを目的としていました。

その後、営業のための飲み会に徐々に顔を出すようになりましたが、相談の必要性が低下したことから、飲み会の頻度は週に３、４回程度に減りました。

現在は子どもが生まれたこともあり、飲み会の回数を最小限に抑えています。

あまり、回数だけの一般論を語っても仕方ないかと思います。仕事のための飲み会という観点からは、惰性で飲みに行くということをせず、**毎回の飲み会にそれなりの目的を**もっていれば回数自体は問題ではないでしょう。

④ ワーク・ライフ・バランス

Q25 独立開業した後、家族との時間は増えたか？

Noda's Answer

私は即独しているので、前後の比較はできませんが、現在は必要に応じて家族との時間がとれる生活をしています。１～２週間の旅行ならば、半年ほど前から調整しておけば可能です。

ただ、最初の３年ほどは家族との時間が十分にとれませんでした。今から思えば、客観的な忙しさの問題ではなく、働かないことへの不安によるものの方が大きかったように思います。

あるときから覚悟を決めて休むようになりましたが、特に支障はありませんでした。**家族との時間の優先順位を上げて、スケジュールのコントロール権を失わないこと**が大切です。

Q26 手持ち時間はどのくらいあるか？

Tabata's Answer　これは開業しても人それぞれな部分があり、「事務局やイソ弁にどこまでを任せるか」ということによって変わってくると思います。

私自身は、平日はほとんどその日のうちには家に帰りませんが、原則土日祝日は家にいます。これは、子どもが小さいため平日に中途半端に早く家に帰るよりは、週末きちんと家にいる方が家族と一緒に過ごせるだろうという判断からです。

では、平日の中でどのくらい時間を空けることができるでしょうか。私の場合、遅くまで仕事をしている日の大半は飲みに行っているという特殊なケースですが、事務所にいても事務局につかまってああだこうだしているうちに時間が過ぎてしまうことが多いです。ボス弁というものは、逆から見るとそれだけつかまりにくい存在なのかもしれません。そのため、事件処理以外の作業（語学の勉強や執筆など）を割り込ませようと思っても、**なかなか平日に事務所で時間をとることができない**というのが実情です。ですから、誰も来ていない朝8時に事務所に来て、自分でやりたいと思っている作業を進める方法をとったりします。まあ、飲みに行く回数を減らせばよいだけかもしれませんが。

４ ワーク・ライフ・バランス

メンタル面など、健康面で気を付けていることはあるか？

Mukouhara's Answer 寝ること、食べること、風呂に入ること。この３点は絶対に外しません。

メンタル面については、いつも悩んでいますが、私は酒を飲まないのでこの点への対処は苦手だと思います。が、苦手なりに、あまりくよくよ考えないこと、ON ／ OFFをきちんと切り替えること、週に１日は休みをとってリセットすること、そうやって**リズムをつくる**ことが肝要と考えています。

Q28 仕事をやめる時期をどう考えているか？

Kita's Answer　**自分がどのようなスタイルで仕事をするかによって異なると思います。**「実働としての弁護士」については、体力の低下に合わせて少しずつ下の世代にバトンタッチをしていくことになると思いますし、能力が落ちるに従って直接事件を担当するべきではなくなっていくと思っています。

対して、「経営者としての弁護士」としては、顧客獲得能力のある時点までは継続すると思います。実働のほとんどは他の人にお願いするしかないと思いますが、この点については事務所を維持しつつ実働弁護士の方に対する費用が支払えなくなるまで続けたいですね。

なお、仮に一生全くお金に困らない状態になったとしたら（突然空から10億円が降ってくるとか）、職人的に、非常に少ない件数の事件を１人でこなすようになると思います。

Noda's Answer　２つの視点があります。引退後の生活が成り立つかどうか、という**稼働の必要性**の視点と、何歳まで必要な能力を発揮できるかという**稼働の可能性**の視点です。

前者によれば、抽象的には、将来にわたって安定的な生活を送ることができるだけの収入が確保されるか、資産が蓄えられたときに引退することになります。そして、このような条件の達成が、稼働が可能な期間内に来る必要があります。

稼働の可能性については、健康寿命に関する統計などからある程度推測することができます。そして、この可能上限年齢に達すれば自分自身の判断と関係なく、その年齢に達したとの一事をもって引退するように決めておかなければなりません。能力が低下した人間が自身の能力低下を適切に認識することは期待できないからです。

次に、上記の可能上限年齢を前提に、その年齢に達するまでに稼働の必要性がなくなるように計算して資金計画を立てておく必要があります。計画を立てるための具体的な計算方法については、ここでは触れませんが、将来の収入を控えめに見積もりつつ、将来の支出についてバッファをみながら、いつになれば引退しても支障がなくなるかを計算し、同時に不慮の事故やさまざまな経済リスクを縮小するための投資や資産分散を進めていかなければなりません。これらに関する資格としてファイナンシャルプランナーなどがあります。業務の役にも立つことから、ひととおり自分で勉強してみるか、保険の販売その他付随する営利活動を行わないプランナー（付随営利活動がないことから有償となりますが）に相談してみるとよいでしょう。

サービス・インフォメーション

通話無料

①商品に関するご照会・お申込みのご依頼
TEL 0120(203)694／FAX 0120(302)640

②ご住所・ご名義等各種変更のご連絡
TEL 0120(203)696／FAX 0120(202)974

③請求・お支払いに関するご照会・ご要望
TEL 0120(203)695／FAX 0120(202)973

●フリーダイヤル(TEL)の受付時間は、土・日・祝日を除く
9:00〜17:30です。

●FAXは24時間受け付けておりますので、あわせてご利用ください。

弁護士　独立・経営の不安解消Q&A

平成28年11月25日　初版発行

編　著　北周士　田畑淳　野田隼人
深澤諭史　向原栄大朗

発行者　田　中　英　弥

発行所　第一法規株式会社
〒107-8560　東京都港区南青山2-11-17
ホームページ　http://www.daiichihoki.co.jp/

弁護士経営QA　ISBN978-4-474-05485-1　C2034 (8)